交通运输规划类研究生
培养模式与实践

过秀成 等著

东南大学出版社
SOUTHEAST UNIVERSITY PRESS
·南京·

内容简介

本书借鉴世界工程教育理论与教学模式,分析新时代我国工程教育发展要求,阐述交通运输规划学科特征和人才需求,围绕交通运输规划类研究生教育模式、培养体系、质量保障等,秉承知行合一的教学理念,提出交通运输规划类研究生"四维一体"的人才培养体系。书中结合东南大学Bluesky交通运输规划团队发展和人才培养实践,建立"做中学、学中悟、悟中行、行中研、研中创"的工程教育模式,构建交通运输类学科导论课、学科基础课、学科研讨课、校企联合课的课程体系,提出教师资源建设工程和四级梯度实践基地建设工程,施行三全育人与质量监测评估,提出全过程研究生辅导体系与管理制度。

本书可以供高等院校师生及相关教育管理部门人员参考。

图书在版编目(CIP)数据

交通运输规划类研究生培养模式与实践/过秀成等著. —南京:东南大学出版社,2020.10
 ISBN 978-7-5641-9123-8

Ⅰ. ①交… Ⅱ. ①过… Ⅲ. ①交通运输规划—研究生教育—培养模式—研究—中国 Ⅳ. ①F502

中国版本图书馆 CIP 数据核字(2020)第 181033 号

交通运输规划类研究生培养模式与实践

著　　者:	过秀成等
出版发行:	东南大学出版社
出 版 人:	江建中
社　　址:	南京市四牌楼 2 号(邮编:210096)
网　　址:	http://www.seupress.com
经　　销:	全国各地新华书店
印　　刷:	广东虎彩云印刷有限公司
开　　本:	700 mm×1000 mm　1/16
印　　张:	12.75
字　　数:	228 千字
版　　次:	2020 年 10 月第 1 版
印　　次:	2020 年 10 月第 1 次印刷
书　　号:	ISBN 978-7-5641-9123-8
定　　价:	48.00 元

本社图书若有印装质量问题,请直接与营销部联系。电话(传真):025-83791830

前　言

　　本专著依托江苏省研究生教育教学改革课题"交通运输规划类创新创业人才培养模式研究"（JGLX18_004）展开，借鉴国际工程教育理论与教学模式，秉承东南大学教育传统，汲取交通运输类人才培养实践成果，以立德树人为根本任务，以培养德智体美劳全面发展的社会主义建设者和接班人为目标。按照培养具有家国情怀和国际视野，担当引领未来和造福人类的未来战略科学家、工程科技领军人才和交通运输行业领军人才的要求，构建交通运输规划类研究生思想引领价值塑造、人格养成、能力达成、终身发展"四维一体"的人才培养体系。建立"做中学、学中悟、悟中行、行中研、研中创"的工程教育模式。建设交通运输类学科导论课、学科基础课、学科研讨课、校企联合课的课程体系，实施全过程"1+4+X"课程思政。适应学生"宽、专、交"、"精、深、通"的个性化教学要求，建立案例库、软件库、文献资料库。实施"大师亲炙、名师指点、良师相伴"的教师资源建设工程。按照研究生企业创新实践基地-企业研究生工作站-企业优秀工作站-企业示范工作站的"四级梯度"建设实践基地。以学生满意度和成长性为尺度，施行全员、全过程、全方位三全育人。应用 PDCA 活动管理和团队网格化管理模式，实现从始业教育、创新创业教育到就业教育的全过程研究生辅导体系、管理制度和动态监测评估。

　　全书共 7 章，由过秀成教授撰写并统稿，李居宸博士生协助。参与相关章节撰写人员有：李居宸（第 1 章）、刘培（第 4 章第 1、3 节）、李爽（第 4 章第 2、4 节）、李怡（第 5 章第 1～2 节）、刘珊珊（第 5 章第 3～4 节）、陈俊兰

(第 7 章)。

由于作者教育教学经历与实践所限,书中难免有错漏之处,恳请读者批评指正。

电子信箱 seuguo@163.com

过秀成

于东南大学九龙湖校区交通学院 1101 室

2020 年 8 月

目 录

第1章 交通运输规划类团队建设特征 … 1

1.1 交通运输规划类团队特征 … 1
1.1.1 团队组织结构特征 … 1
1.1.2 学习共同体中的师生关系 … 2

1.2 交通运输规划类团队建设要求 … 3
1.2.1 国际工程教育发展历程 … 3
1.2.2 我国工程教育改革进程 … 7
1.2.3 交通运输规划学科特征 … 9
1.2.4 交通运输规划行业人才需求 … 11

1.3 交通运输规划类工程教育模式 … 12
1.3.1 CDIO … 12
1.3.2 做中学 … 14
1.3.3 产学研一体化 … 15
1.3.4 国际化教育 … 16

第2章 交通运输规划类人才培养体系 … 18

2.1 交通运输规划类人才培养目标与理念 … 18
2.1.1 交通运输规划类人才培养目标 … 18
2.1.2 育人理念与人才培养体系 … 24

2.2 交通运输规划类人才培养模式 … 34
2.2.1 国际联合培养 … 34

2.2.2　校企联合培养 ……………………………………………… 35
　　　2.2.3　多学科交叉培养 …………………………………………… 37
　　　2.2.4　本硕博一体化培养 ………………………………………… 38
　2.3　交通运输规划类人才培养方案 …………………………………… 39
　　　2.3.1　导师制学生培养方案 ……………………………………… 40
　　　2.3.2　学术型硕士研究生培养方案 ……………………………… 43
　　　2.3.3　专业型硕士研究生培养方案 ……………………………… 46
　　　2.3.4　博士研究生培养方案 ……………………………………… 49
　　　2.3.5　博士后研究人员培养方案 ………………………………… 51

第3章　交通运输规划类人才研学体系 …………………………………… 54
　3.1　教学理念与组织体系 ……………………………………………… 54
　　　3.1.1　教学理念 …………………………………………………… 54
　　　3.1.2　教学目标 …………………………………………………… 54
　　　3.1.3　教学组织体系设计 ………………………………………… 55
　3.2　理论课程设置 ……………………………………………………… 56
　　　3.2.1　理论课程体系 ……………………………………………… 56
　　　3.2.2　课程思政类课程 …………………………………………… 58
　　　3.2.3　学科基础研讨课程 ………………………………………… 58
　　　3.2.4　学科专业研讨课程 ………………………………………… 60
　　　3.2.5　校企合作课程 ……………………………………………… 62
　3.3　实践课程设置 ……………………………………………………… 63
　　　3.3.1　实践课程体系 ……………………………………………… 63
　　　3.3.2　工程伦理与职业素养培训 ………………………………… 64
　　　3.3.3　工程技术类项目实践 ……………………………………… 65
　　　3.3.4　科学研究类课题实践 ……………………………………… 66
　　　3.3.5　科研课题模拟申报培训 …………………………………… 66
　3.4　自主研学模块设置 ………………………………………………… 67

3.4.1　自主研学课程体系 …………………………………… 67
　　　3.4.2　技术导读研学 ………………………………………… 68
　　　3.4.3　文献研读 ……………………………………………… 71
　　　3.4.4　社会化培训 …………………………………………… 76

第4章　交通运输规划类人才教育资源建设 ……………………… 90
　4.1　人才培养实践资源建设 ……………………………………… 90
　　　4.1.1　实践资源 ……………………………………………… 90
　　　4.1.2　企业研究生工作站建设规划 ………………………… 92
　　　4.1.3　企业研究生工作站管理要求 ………………………… 94
　　　4.1.4　企业研究生工作站实施细则 ………………………… 95
　4.2　教师资源建设 ………………………………………………… 98
　　　4.2.1　教师团队建设原则 …………………………………… 98
　　　4.2.2　大师亲炙 ……………………………………………… 100
　　　4.2.3　名师指点 ……………………………………………… 101
　　　4.2.4　良师相伴 ……………………………………………… 103
　4.3　资源库建设 …………………………………………………… 104
　　　4.3.1　资源库建设原则 ……………………………………… 104
　　　4.3.2　软件库建设 …………………………………………… 106
　　　4.3.3　文献资料库建设 ……………………………………… 108
　　　4.3.4　案例库建设 …………………………………………… 110
　4.4　国际化教育资源建设 ………………………………………… 115

第5章　人才培养全面质量管理和过程监控 ……………………… 118
　5.1　人才培养全方位质量管理 …………………………………… 118
　　　5.1.1　理论教学质量监控 …………………………………… 118
　　　5.1.2　项目实践质量监控 …………………………………… 120
　　　5.1.3　研学活动质量监控 …………………………………… 121

5.2 人才培养全员质量管理 ························· 123
   5.2.1 人才个性化质量管理 ······················· 123
   5.2.2 研究生学程体系质量监控 ··················· 125
5.3 人才培养全过程质量管理 ······················· 126
   5.3.1 人才选拔 ································· 126
   5.3.2 始业教育 ································· 129
   5.3.3 过程教育 ································· 130
5.4 人才培养过程管理与评价模式 ··················· 132
   5.4.1 PDCA 活动管理体系 ······················· 132
   5.4.2 矩阵网格化管理模式 ······················· 135
   5.4.3 监督反馈体系 ····························· 137

第6章 Bluesky 人才培养体系与教育资源建设 ············ 139

6.1 Bluesky 团队建设 ····························· 139
   6.1.1 城市交通规划与设计团队 ··················· 140
   6.1.2 运输系统规划与管理团队 ··················· 141
   6.1.3 智慧交通与模型团队 ······················· 142
6.2 四维一体 ··································· 143
   6.2.1 价值塑造 ································· 143
   6.2.2 人格养成 ································· 146
   6.2.3 能力达成 ································· 147
   6.2.4 终身发展 ································· 156
6.3 分类课程设置 ······························· 157
   6.3.1 学科基础课程 ····························· 157
   6.3.2 学科专业课程 ····························· 158
   6.3.3 校企联合课程 ····························· 160
   6.3.4 "1+4+X"的课程思政体系 ················· 162
6.4 资源建设 ··································· 163

  6.4.1 Bluesky 人才培养基地建设 ································· 163
  6.4.2 Bluesky 工作室企业工作站建设 ····························· 164
  6.4.3 Bluesky 工作室教师资源建设 ······························· 166
  6.4.4 Bluesky 资源库建设 ·· 166

第 7 章 Bluesky 人才培养制度及运行机制 ································ 169
 7.1 Bluesky 组织管理体系建设 ·· 169
  7.1.1 组织结构 ··· 169
  7.1.2 职能划分 ··· 169
  7.1.3 民主调研与民主测评机制 ··································· 170
 7.2 Bluesky 团队科研质量监控 ·· 172
  7.2.1 科研活动质量监控 ··· 172
  7.2.2 科技论文质量监控体系 ····································· 173
  7.2.3 硕博士论文质量监控体系 ··································· 175
  7.2.4 本科毕业设计过程管理 ····································· 177
 7.3 Bluesky 工作室实践质量监控 ·· 179
  7.3.1 工程技术型课题管理体系 ··································· 179
  7.3.2 技术培训质量保障体系 ····································· 181
 7.4 Bluesky 人才培养质的学习培训量监控 ································· 182
  7.4.1 研究生新生入学考核制度 ··································· 182
  7.4.2 研究生培养过程管理监控体系 ······························· 184

参考文献 ·· 189

第1章 交通运输规划类团队建设特征

1.1 交通运输规划类团队特征

交通运输规划类团队是探索交通运输系统特征与演变规律,研究交通运输基础设施规划、运输政策与战略、交通系统管理与设施运行管理的学术研究型团队。团队内各成员具有相同或相近的价值取向、文化生活、内在精神和特殊专业技能,运用现代技术和科学原理,研究各种运输方式的运输设施规划、功能设计、运营和管理,以实现安全、迅速、舒适、便捷、经济并与环境相协调地运送旅客和货物的目标。本专著界定的交通运输规划类团队以人才培养为核心,由从事交通运输领域研究的高校教师、研究生,以及其他相关领域的研究人员组成。广义上交通运输类团队由教学团队和科研团队共同形成矩阵式组织结构,不断发展为有目标、有依托、有动力、有成果的学术共同体、学习共同体、价值共同体。

1.1.1 团队组织结构特征

交通运输规划类团队依托交通运输工程一级学科中的交通运输规划二级学科,通常有两种组织形式:一种组织形式下团队的学科研究方向相对固定,成员由老、中、青教师及博士生、硕士生共同组成;另一种团队由几个相近学科或交叉学科之间较为松散的协作形成,成员由团队负责人、指导教师以及博士生、硕士生、导师制学生、本科 SRTP(Student Research Training

Program)成员等组成。团队负责人一般由在学术界具有一定学术地位并取得一定知识创新业绩的教授担任,指导教师主要为该团队中某些研究方向的主要负责人,博士生、硕士生、导师制学生、本科 SRTP 成员是具体研究任务的执行者,团队的核心发展力是稳定可持续的。这种多学科指导教师团队与多位研究成员合作形成的"多对多"团队协作关系能够弥补传统的一位指导教师辅导多位学生的"一对多"教学关系的不足,将团队成员的知识、经验、能力等资源进行合理的整合,调动团队成员的积极性和创造性,培养团队成员的创新能力和团队协作能力。

除团队负责人外,教师团队主要由跨境、跨校、跨学科、跨专业的高校教师群体、科研院所和企业内的高级工程技术人员组成,指导教师团队根据科研水平、指导方式等各自承担不同职责与任务。按照教师投入程度,可将指导教师分为在校常驻教师和校外聘请教师,其中在校常驻教师团队包括科研团队和教学团队;按照教师对学生的影响程度可分为大师、名师、良师等。

作为团队主要构成群体的研究生成员正值精力充沛的青年期,思想活跃,但也处于不断成熟的过程中。[1]研究生一般从优秀的本科毕业生或同等学力的优秀群体中筛选出来,要求品德优良,具有扎实的交通运输工程类的专业基础理论和良好的外语技能。严格的科学研究训练也使得他们能够辩证、严谨、深入地分析实际工程问题。由于研究生成员会随着学业完成而离开团队,同时又会不断有新的研究生成员加入到科研团队中,团队的成员具有流动性的特点,始终处于周期性的变动过程中。在团队研究方向稳定,且具有良好的科学研究设施设备和科研基础的前提下,这种流动性特征能够帮助团队吸收新鲜血液,有利于激活团队创新元素。

1.1.2 学习共同体中的师生关系

互联网时代下知识和信息获取渠道的增多改变了以往的学习模式,推动了新型师生关系的构建。交通运输规划类团队中的教师与学生共同形成"学习共同体",其实质也是生存共同体和生命共同体。师生共同探究求学、治学、问学的学问方法,提升双方的生命质量和幸福指数,以达到师生共生共存、共同发展的目标。在这个过程中,教师从原来的"教学主体"转变为"教学主导",让学生由"学习客体"转变为"学习主体",而且师生之间可以随时灵活地转换为"双主体"或主客体的模式。

教师在共同体中从"传道、授业、解惑"的角色转变为学习引导者,具有德艺双馨的特征。在为学生传授道与术的同时,教师不再只是知识灌输者、课本讲解者,也是知识创造者,学生自主学习过程中的指导者及合作学习的协助者,鼓励学生自主探究。在学习型团队里,教师是学习环境的设计者,是终身学习的引领者;在学生获得的知识碎片化的情况下,教师也是知识筛选梳理和创新的生产者。

学生在共同体中是学习的主体,既是知识学习者,也是知识创造者。在教师的引导下实现中国特色社会主义核心价值观和人格的养成,掌握学习的方法,形成创新思维模式,获得终身自主知识构建能力、鉴别能力、发展能力。

共同体中的师生关系不再是单纯的"授人以鱼"或"授人以渔",而是主动、积极地创新与建构。教师与学生平等对话,相互申辩、批判,最终实现超越。教师对学生加以引导,指明方向,学生能够主动学习并创造新的成果,促进师生之间学习共同体的构建,共同在沟通交流中受益。在此过程中,团队为师生营造了自由平等、沟通顺畅、互帮互助的氛围,从而加强了团队成员之间的情感纽带,促进了团队内师生关系的和谐,最终形成共同探索、相互尊重、教学相长、相互平等的关系。

1.2　交通运输规划类团队建设要求

1.2.1　国际工程教育发展历程

1. 欧盟高等教育一体化的经验与趋势

1999年6月,29个欧洲国家的教育部长聚集在意大利博洛尼亚召开会议。此次会议主要对欧洲高等教育问题进行探讨,提出了欧洲高等教育改革计划,并签署了博洛尼亚宣言,旨在到2010年建立欧洲高等教育区,开启欧洲高等教育一体化进程。这次改革被称为欧洲高等教育史上自19世纪60年代以来最重要、波及面最广的高等教育改革,也称"博洛尼亚进程"。2001年5月,在捷克首都布拉格召开会议并通过了《布拉格公告》,主要讨论了终身学习和增强欧洲高等教育吸引力,扩展了欧洲高等教育区。2003年9月,在柏林召开会议并通过了《柏林公告》,会上对学位体系与互认、质量评估等作出了规定。2005年5月,在挪威卑尔根召开会议,探讨了欧洲高等教育质量标准等问题。2007年,在伦敦召开会议并主要讨论了三级学位体系、学位互认、质量保证、欧洲高等教育区等问题。2009年4月,参与博洛尼亚进程的46个国家负责高等教育的部长在比利时鲁汶签署了《鲁汶公报》,将终身学习列为欧洲高等教育区未来发展的优先事项之一,提出到2020年之前,要大力促进教育公平,实施以学生为本的教学,提高开放度,建立更广泛的交流与合作,提高学生就业能力和竞争力。

经过历次会议,欧洲高等教育改革基本形成了"制度兼容、资源互通"的一体化体系,逐步建立了统一的学士-硕士-博士三级制的学位体系、质量保证、学位互认体系和欧洲社会维度等全球化背景下的欧洲高等教育区,人员、知识和技术在欧洲高等教育区内自由流动。[2]博洛尼亚进程在其不断的发展过程中,有其自身的演进特色,构建了全面和完善的政策体系和工具,这依赖于欧洲独特的文化、制度和社会经济因素,但仍然对我国高等教育改革有着重要的启示。

(1) 区域内高校合作建立地区高等教育联盟

我国是有着丰富历史文化的国家,可以充分利用地缘与文化等方面的优势,加强与周边地区的交流与合作,建立密切的合作关系。通过建立区域高等教育联盟等方式可以促进区域内的资源共享,最大程度提高竞争力和吸引力,吸纳更多的优质资源,还可以提升高校在服务社会等方面的能力,推动本区域内经济社会发展。

(2) 高校之间合作实现优质教育资源的共享

由于每个高校的办学特色与办学优势各不相同,通过实现校际合作,可以为学生创造在多个高校学习的机会,感受不同的师资与教学资源,体验不同的大学文化氛围。通过教师和学生在不同高校之间的流动,提供相互学习和开阔视野的机会。通过与世界高等教育强国合作,与世界一流大学合作,借助国外先进的教育理念和优质的教育资源来培养人才,提高人才培养质量。校际合作不仅是走出去,也要请进来,在加大派出留学生的同时也要吸引更多留学生来华学习。还可以通过引入一套共用的学分体系,或是设立校际的联合学位,让学生能够方便地交流,共享优质教育资源,共同提升学生的就业竞争力。双方实现教师互派和合作,促进教师之间的交流,尤其是在教学和科研领域内的合作,分享优秀科研成果和教学经验。

(3) 健全高等教育质量保障体系

纵观欧洲高等教育质量保障体系的形成与发展历程,相对独立的中介评估机构发挥着至关重要的作用。在2010年颁布的《国家中长期教育改革和发展规划纲要(2010—2020)》中提出管评办分离,因此可以借鉴欧洲高等教育质量保障的经验,引入第三方评估,委托行业学会等机构开展评估工作,对评估机构的独立性、质量评估的标准与过程等方面进行明确规定,规范评估工作。制定区域性的高等教育质量保障标准和原则,根据不同地区、不同层次、不同类型等实际情况进行分类评估。

面对当前更为复杂的全球局势和竞争市场,未来在国内外高校间将进一步开展国际合作,并构建更多的联合项目、学位以及跨境合作项目。尤其是随着教育技术的不断发展,MOOC等"互联网+教育"的形式可能成为高等教育国际化的新路径。[3]质量保证标准在继续为高等教育质量保证提供框架和指南的同时,也将进一步提升质量保证的透明度和可信度,外部质量保证主体将逐渐多元化和国际化。同时为更好地促进终身学习,政府部门、高等教育机构、企业雇主和学生的伙伴关系将进一步加强,高等教育改革需要考虑更多的因素,如稳定终身教育经费的来源渠道,加强终身教育经费的投入和管理。以学生为中心的终身教育模式需要进一步完善,以利于通过终身教育进一步培养和提升学生的能力。

2. 美国工程教育演变历程

美国工程教育经历了从注重实践、实践和理论兼顾、注重科学再回归理论与实践并重的过程,演进动力来源于国防建设和产业发展的需求变化,演进形式是课程理念、课程计划、课程实施和学习评价模式的变化。如图1-1所示,美国工程教育先后演变了三种工程教育范式,即技术范式、科学范式和工程范式。[4]

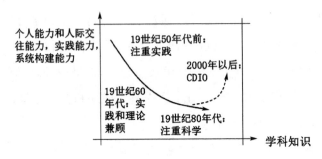

图 1-1　美国工程教育变革历程

工业发展初期至20世纪50年代,技术范式主要特点是重视工程实践,强调技术应用和实践操作,以培养现场工程师为目标,以应用手册和公式的学习和实践为主。由于当时工程实践的主要技术是手工艺技术,所以以师徒制为基础的言传身教式技术传承方式成为工程技术教育初期的主要传播模式。随着工业经济时代的飞速发展,院校式工程教育模式开始萌芽和涌现。日益复杂的工程实践问题推进了工程学科体系和课程体系的持续丰富,并催生了本科、硕士、博士不同阶段的工程教育层次结构。

20世纪60年代到80年代为科学范式主导时期,主要特点是高度重视数学和科学,强调工程科学和理论分析,工程师的培养模式与科学家的培养模式趋于雷同,工程甚至被认为是科学的应用分支。以格林特报告为标志,美国工程师培养开始紧跟科学和技术发展的步伐,并确立了工科课程划分的若干基本方针,创立了工科的学科体系。[5]

工程范式出现在20世纪80年代以后,其主要特点是工程教育理念的系统性和整体性,努力在理论和实践两个维度追求平衡,实现知识、素质、能力的均衡发展,追求工程教育利益相关者的最佳满意度。

进入知识经济时代后,伴随着经济全球化、新技术革命的深远影响和可持续发展观的提出,工程师面临的环境和系统日益复杂,培养具有卓越的技术、广博知识、适应团队合作且具有系统性思维的工程师已经成为产业升级和社会发展的迫切要求。麻省理工（MIT）主导的 CDIO（代表构思 Conceive、设计 Design、实现 Implement 和运作 Operate）工程教育改革成为工程范式的典型代表。CDIO 理念重视回归实践，以培养具有个人能力、人际交往能力和系统构建能力的工程人才为目标，强调工程的实践性、综合性和创新性。

1.2.2 我国工程教育改革进程

我国高等工程教育在历史变迁中经历了动态调整和不断创新的过程，不断演化出符合时代要求的教学形式。1904 年，清政府颁布了"癸卯学制"，对工程教育进行层次划分，建立了"艺徒学堂-中等工业学堂-高等工业学堂-工科大学"的工程教育体系，形成了培养"工人-技工-技术员-高级技术人员"等不同层次人才的工程教育制度，我国近代工程教育制度初步建立。[6]

现代信息技术出现后，拥有核心技术和专有知识产权的行业和企业才能够在全球竞争中占领高地，被动服务式的工程教育模式已不能完全满足工程实践的需要，以"创新"和"引领"为理念的工程教育模式成为我国高等工程教育技术人才培养的必然选择。2005 年开始，国内逐步引进了国际上工程教育领域具有较好成果的教育模式，并在此基础上进行社会主义制度下的实践探索与改进，如 CDIO 工程教育模式、SRT（Student Research Training）项目等。

2010 年 6 月，教育部启动了"卓越工程师教育培养计划"（简称"卓越计划"），创立了高校与行业和企业联合培养人才的新机制，以强化工程能力和创新能力为重点，改革人才培养模式，并由教育界和工业界联合制定人才培养标准。"卓越计划"强调专业基础的训练和工程实践能力的培养，通过工程实践教育中心、校企合作等方式培养工程师，提倡学生接触工程实际，提高解决工程实际问题的能力。[7]

2016 年 6 月，我国正式加入世界范围内知名度最高的工程教育国际认证协议《华盛顿协议》，采用"能力导向"的认证标准，要求毕业生具备沟通能力、合作能力、专业知识技能、终生学习的能力及健全的世界观和责任感等。这些能力指标为教师、教育机构在课程设计上提出了明确的方向与要求。在此基础上我国制定了一套具有中国特色的高等工程教育认证制度。加入《华盛顿协议》对于促进我国高等教育质量提升，建立完善的认证制度，加快工程教育改革步伐，提升我国高等工程教育的国际竞争力具有特殊的意义。目前我国逐渐形成了比较合理的高等工程教育结构和管理体系，在教育部《授予博士、硕士学位和培养研究生的学科、专业目录》中，工学有32个大类专业，共115个专业，各类工程学人才直接推动着我国的经济建设和工程技术领域的发展。

进入中国特色社会主义新时代后，面对不断变化的国际国内时代环境，我国高等工程教育面临新的重要战略机遇期。2016年12月，习近平总书记在全国高校思想政治工作会议上强调要坚持把立德树人作为高校人才培养的中心环节，把思想政治工作贯穿教育教学全过程，实现全程育人、全方位育人。[8] 2017年1月，教育部、财政部、国家发展和改革委员会印发了《统筹推进世界一流大学和一流学科建设实施办法（暂行）》。"双一流"建设对高校建设提出了加快高等教育治理体系和治理能力现代化，提高高等学校人才培养、科学研究、社会服务和文化传承创新水平的要求。具体任务有建设一流师资队伍、培养拔尖创新人才、提升科学研究水平、传承创新优秀文化、着力推进成果转化。2018年5月习近平总书记在北京大学师生座谈会上指出，全国高校都应当以"四个为"为依据，即为人民服务、为中国共产党治国理政服务、为巩固和发展中国特色社会主义制度服务、为改革开放和社会主义现代化建设服务，将社会主义核心价值观贯穿于对青年学生思想道德意识培养的全过程。不仅要引导学生掌握专业技术，更要强化学生的社会责任感和时代使命感。

在新一轮科技革命的浪潮中，随着国家"创新驱动""互联网＋""中国制造2050"等重大战略规划的推进，应积极探索符合工程教育规律和时代特征的培养模式，以社会需求为导向重新审视工程教育中的人才培养问题，在人才培养过程中注重"人"的主体地位，以能力建设为基本任务，强调价值文化引领和工程人才的全面发展。[9]这也意味着当前工程教育模式的改进不仅包括基础学科认知结构的完善,还包括工程实践能力的培养,注重理论教育与工程实践的结合,思考"做中学"教学思想在新时期下的新内涵,深度实施产学研一体化的工程教育方式,产教融合,科教融合,校企合作,促进高等工程教育质量的提高。

1.2.3　交通运输规划学科特征

交通运输规划具有自然科学和社会科学的双重属性,与土木工程、机械工程、信息工程、电子科学与技术、材料科学与工程、社会学、法学、心理学、经济学、管理学等多学科有着密切的联系和相互交叉,衍生出交通地理、交通伦理、交通法理、交通物理、交通艺理、交通心理、交通数理等多学科交叉理论,是涉及工程、经济、环境、教育、法规、能源等基础学科的科学。

交通运输业是一个战略性、基础性、先导性、服务性的产业,随着新时期国家客货运输需求规模和需求结构的变化,交通运输系统面临转型发展的重大现实问题。加快科技创新,以"综合"为突破口提升各种交通运输方式间的综合协同运行能力,以"智慧"为手段提升交通运输系统从设施到运行系统的全链条智能管控能力,融合交通运输组织管理与智能交通技术,对形成完善的可持续发展的综合交通运输体系,提升运输效能和安全保障能力具有重大作用,是实现综合交通运输"绿色、平安"发展的必经之路。

1. 综合交通

随着城市群、都市圈等城市形态的发展,区域协同与运输一体化发展特征明显,需要综合运用多种制式的轨道交通、铁路、航空等方式构建多层次协调的综合立体交通网络系统;关注交通网络基础设施与国土资源协调开发模式的演变,重视新型城镇化背景下综合交通网络的规划与建设;考虑到众创空间、特色小镇、高铁枢纽等特色区域内人的移动需求呈现出更加多元化的活动特征,有必要构建更加精细化的运输服务体系,实现更具综合运输效率和活力的运营组织。

2. 智慧交通

机器学习和深度学习出现后,人工智能得到广泛的功能性应用。由改进的算法、训练方法、云端大数据的发展驱动,机器学习在嵌入自动驾驶系统并实现实时信息交互、高度复杂环境下的交通数据处理与图像分析、在非结构化方式下从数据中学习未知场景等方面都能够发挥巨大作用。以大数据为支撑的更加精细、准确、完善和智能的服务需求也将加速交通产业生态圈跨界融合,促进综合交通运输系统的运行组织模式和服务模式的变革。综合交通运输与智能交通技术的深度融合正在加快综合交通运输业的升级换代,综合集成现代管理技术与现代装备技术、信息技术,提高运输装备的现代化水平以及运输管理信息化水平,推进运输过程一体化,将成为大幅度提升交通运输效率和安全保障能力的方向。

3. 平安交通

交通运输安全保障技术仍是当前交通运输业的薄弱环节,交通事故所造成的人员伤亡和物资损失日趋严重。随着科技进步,交通行业应充分利用自动驾驶、无人驾驶等新技术变革,充分发挥无人驾驶技术在人-车-路数据采集与交互、理性决策等方面的优势,从规划、建设、管理等角度积极探索应对无人驾驶方式的措施,实现交通运输安全的全面提升。另一方面也要通过深入研究交通运输过程中的安全运行规律,为交通运输提供安全技术保障,从而减少交通事故的发生率和伤亡率,提升公众出行和货物运输的安全性,提高运输的社会和经济效益。

4. 绿色交通

能源消耗快速增长和污染排放持续恶化的局面,对我国的能源安全和生态安全是一个巨大挑战。针对资源约束趋紧、环境污染严重、生态系统退化等制约国家经济社会可持续发展的瓶颈,要坚持把绿色发展、循环发展、低碳发展作为基本途径,推动资源利用方式根本转变,优先发展公共交通,优化运输方式,推广节能与新能源交通运输装备,发展甩挂运输,强化管理减排,大力推广绿色低碳出行,加快构建低碳、便捷的综合交通运输体系。

5. 文明交通

文明交通是社会文明程度的直观表现，文明交通综合评估能够衡量城市交通文明整体水平。2010年起，公安部、中央文明办在全国实施了"文明交通行动计划"，目的是切实增强公民文明交通意识，纠正各类违反交通法规的现象，创造良好道路交通环境，进一步提升公民文明素质和社会文明程度，同时也能够推动城市交通管理工作的改进。其主要实施要点包括广泛开展文明交通行为教育、进一步完善安全和管理设施、大力整治交通秩序、提升执法水平、营造浓厚氛围、强化社会监督等。

6. 法治交通

法治交通是交通运输行业部门依法执政的重要体现。面对现代交通运输行业发展和城市交通的新问题，交通的综合治理应当结合精细化的政策制定、机动车发展政策、停车发展政策、拥堵收费政策等交通政策法规，做到有法可依、有章可循、依法治理，实现交通治理标准体系的标准化、规范化。

为实现交通运输综合、智慧、平安、绿色、文明、法治的发展需求，交通运输规划学科应以交通基础设施智能监管，载运工具、设施、环境智能协同，交通系统协调运行智能管控、大型交通枢纽协同运行与服务、多方式联运及综合运输一体化、区域综合运输服务与安全为重点研究方向。

1.2.4 交通运输规划行业人才需求

随着我国国土空间规划体系的构建，交通规划发展面临着新环境、新形势，并逐步从以服务经济发展为中心转向以服务社会发展为中心。国家明确提出建设交通强国的目标，要求加快培养造就一大批具有国际水平的战略科技人才、科技领军人才、青年科技人才和高水平创新团队。[10]

交通强国建设的目标要求我们能够走可持续发展的道路，根据可持续发展战略确定交通系统的功能与目标。现代交通运输不再是粗放发展，而是向精细化、人性化的方向发展。[11]人才培养也应随着行业和社会的发展不断更新升级，对理解、分析和处理问题的能力要求更高，人才质量评价体系也应随之改变。

全球人工智能、大数据分析、智能网联等新技术、新思想的跨学科、跨领域应用，在把握城市交通演化规律、提升交通系统运行效率和科学决策水平等方面，为城市交通领域带来了行业变革要求，也将重构新型社会职场需求的认知架构。规划类人才所需具备的专业视野、知识结构、思维方式、个人素养等要求也随之发生变化。在改变交通学科知识体系的同时，也令交通从业者们面临着新知识、新理念吸收与掌握能力的挑战。面对交通运输领域中大量新技术快速改变行业的技术构成的实际，需要有解决新问题、吸收新知识的能力。信息时代下如何让学生形成网络化思维方式，构建自主知识体系，获得终身学习的能力，是新时期规划类人才培养体系应当回答的问题。

1.3　交通运输规划类工程教育模式

1.3.1　CDIO

　　CDIO工程教育模式由麻省理工学院、瑞典皇家工学院等四所国际著名工科院校创立的国际组织提出，是近年来国际工程教育改革的最新成果。[12]CDIO的灵感来源于产品、系统的生命周期过程，该生命周期可分为四个阶段：构思（Conceive）、设计（Design）、实现（Implement）和运作（Operate），缩写为CDIO。CDIO强调综合的创新能力，与社会大环境的协调发展；同时更关注工程实践，强调培养学生的实践能力。CDIO是能力本位的培养模式，本质上有别于知识本位的培养模式，被誉为"是对传统教育模式的颠覆性改革"。

　　CDIO将工程毕业生的能力分为工程基础知识、个人能力、人际团队能力和工程系统能力四个层面，大纲要求以综合的培养方式使学生在这四个层面达到预定目标。CDIO的核心在于根据工程链相关环节的工程、岗位、职业、行业对学生知识、能力和素质的要求，以工程设计为导向，以项目训练为载体，来重新设置课程和教学模式。以项目为基础的学习，或者说基于项目产品的学习，属于一种理想的教学模式。CDIO作为一种指导工程教育人才培养模式改革的教育观念和方法论体系,作为一种课程设计的框架体系,符合现代工程技术人才培养的一般规律。CDIO讲究做中学、学中做,从而打造学生的就业竞争力。

1. 利用CDIO培养交通运输规划类人才的体系

交通规划学科是与社会实际问题紧密联系的实践类学科,通过产、学、研一体化,推动工程实践与理论研究的共同发展,也因此符合CDIO的人才培养理念。

(1) 交通运输规划类CDIO人才培养目标

紧紧围绕CDIO教育理念与方法,结合交通运输规划学科基础,针对市场和用人单位的需求,确定培养目标,即培养学生具备相应的基础知识,使其成为能够适应国家、省、市相应部门需求的高级人才。总体目标是培养交通运输规划类创新型人才,具体目标是培养掌握交通运输规划各具体专业方向的基础理论和实践技术的复合型人才。

(2) 课程结构及教学内容改革

按照CDIO教育理念,构建专业核心课程的课程结构和教学内容,制定并实施专业核心课程,课程实施方案包含专业主修以及专业选修。①理论课程体系。理论课程体系主要反映在基础课、专业基础课及专业课以及必修课与选修课之间的比例关系上,确定基础主干课程、专业平台课程以及专业特色核心课程。②实践教学。依据CDIO工程教育理念,按照学科交叉渗透、理论实践融合、资源优化共享的实践教学理念,加大实践教学的力度,以增强学生的感性认识,培养学生动手能力、实践能力和解决问题的能力。实践能力的培养一般包括三个阶段,分别是基本技能的培养、学科专业基础实践能力的培养以及专业课程实践能力的培养。

(3) 加大实践能力的培养力度

以交通运输规划项目为载体,以专业能力培养为核心,形成教学与实践相结合,"用、做、教、思"一体化的实践教学体系。CDIO教学体现了"用中学、做中学、教中学、思中学"的教学思想,突出了专业技能型人才的培养途径。①专业理论课程实践"用中学"。该人才培养模式重点突出理论课程的学习与实践动手能力的培养有机结合,组织学生分赴多地开展参观、专业认知及管理实习,进一步拓展知识面,巩固并加深学生对理论知识的理解。②专业理论课程设计"做中学"。增设学生动手能力培养的实践环节,设置课程设计工作,通过完成一定工程设计工作,满足实际的需求。③实验教学平台建设"教中学"。依托该培养方案,加强实验教学,依托多种实验仿真系统及平台进行针对性讲解,提高认识实习的效果。④课内教学"思中学"。具体的培养体现在授课方式上,以专业外语的教学为例,专业外语作为交通运输规划的一门专业必修基础课程,在学习过程中突出学生查阅资料及阅读、写作方面能力的培养。除了课程授课中现场回答问题、分组讨论外,要求学生就某一话题在课外查阅资料,并要求在国际期刊自行查阅一篇专业文献进行翻译并写出评论。

（4）改进课程考试方法和考核机制

结合课程实施过程和工程项目实施过程,根据课程性质,在学习的各个环节,从技能、知识、协作等方面,对学生进行全方位的考核。根据学生的实习总结、课程设计的学习效果、遵守学校制度的情况等,以专业知识点的考核为重点,对学生的综合素质和技能进行全面考核,由专家、用人单位和学生进行多方评价。学生学习考核是对每个学生取得的具体学习成果的度量,也是检验教学改革和教师教学成果的重要手段,同时也是质量控制系统中的重要反馈环节。CDIO重视培养学生的人际交往能力,产品、过程和系统的建造能力,因此必须找到有效的考核方法来评估教学成果,突破原来比较单一的考核模式,而引入形式多样、灵活科学的考核手段。

（5）构建创新性人才培养的监控和评价体系

依据CDIO工程教育理念,建立包括实践教学单位评价、学生评价和教师评价三部分的"以学生为中心"的全方位、全过程、系统的、综合性的监控和评价体系,保证交通运输规划类人才课程设置与人才培养的科学性、合理性和高效性。

1.3.2 做中学

交通运输规划学科的工程性与科学性决定了团队发展模式和人才培养

过程中应当坚持运用好"做中学"教学理论,通过"做中学、学中悟、悟中行、行中研、研中创"梯度推进式实践教学模式来实现学生的自主发展。即让学生在工程实践项目全过程参与、社会活动参与等实践环节中应用、巩固理论知识学习成果,在理论知识的运用和升华过程中感悟交通运输规划行业的发展需求,对工程项目有更直观、更切实的体会。感悟的过程往往能够激发学生创新思维和灵感的迸发,从而实现建立在扎实的基础知识积累之上的创新与创造。

"做中学"是美国教育学家约翰·杜威率先提出的学习方法,也是高等工程教育改革三大战略之一。其核心是"从活动中学""从经验中学",将课堂上知识的获取和实践过程中的活动联系起来,体现了学与做的结合,知与行的统一,并延伸出了"基于项目的教育"的战略教育计划。"做中学"教学理念的实施能够培养学生理论联系实际的能力,在继续保持坚实科学基础的前提下,强调加强工程实践训练,加强各种能力的培养;在内容上强调综合与集成,实现了自然科学与人文社会科学的结合,工程与经济管理的结合。

"学中悟、悟中行"指的是从学习基本专业知识、专业技能的过程中,思考和领悟所学知识的原理,坚持边学习边思考,边实践边总结,善于总结经验与反思,把感性的认识理性化,把零碎的认知系统化,把表象的感觉具体化,从而不断提升做好本职工作的能力和本领,不断取得进步。学习和感悟的目的在于实践,理解和感悟专业知识和技能的本质后,在此基础上根据个人的研究兴趣、团队的发展需求等,进行交通规划专业特定方向的研究。

"行中研、研中创"指的是在研究过程中把学到的知识运用到工作中和行动中,并在行动中反思自我、总结自我、创新自我,并有针对性地进行整改提高,真正学深悟透、融会贯通,使学思践悟创成为一种习惯和自觉。创新是建设卓越化、国际化的一流交通规划类团队和人才的目标之一,团队应着力促进创新发展动力,包括新技术、新产业、新模式等。

1.3.3 产学研一体化

产学研一体化是生产、教学、科研不同社会分工在功能与资源优势上的协同与集成化,是技术创新下、中、上游的对接与耦合。企业、学校和科研机构通过相互配合,发挥各自优势,形成强大的研究、开发、生产一体化的先进系统并在运行过程中体现综合优势。

产学研一体化发展模式通过产学互动、校企结合的形式,把教育与科研、行业生产等活动和资源有效地整合起来,同时实现高等学校的人才培养、科学研究和社会服务三大职能,有助于发挥高等教育作为先导对提升产业素质、推动产业发展、为企业提供高质量的人力资源和智力支持的积极作用,满足校企双需,实现校企双赢。产学研一体化人才培养模式以产学研为依托,以吸引并培养人才素质、综合能力和就业竞争能力为重点,充分利用高校、企业等在教育资源、环境资源方面的各自优势,将教学、科研以及实践有机结合,使高端人才的成果转化有了实际的空间,从而培养人才的创新活力以及成果转换能力,其本质是教育与社会实践能够及时有效对接、科研成果与产业实践有效结合。

产学研一体化发展模式既强调科学知识的学习,又重视结合生产实际而进行的科学研究,培养过程体现出生产实践、教学、科研一体化的特点。由高校和企业分别派出导师或专家组成导师小组共同对学生进行指导和培养。这种培养模式使高等教育能够与企业的生产实际之间建立直接、紧密的联系,进而满足当今社会、经济对交通运输规划类人才培养的各种复杂需求。

1.3.4 国际化教育

可持续发展的全球共识和信息社会的急速发展深刻改变着国际化教育的社会需求、教学重点和人才培养模式。为了适应和满足社会对于交通运输规划专业教育的期待和需求,通过实践培养具有国际化和本土化双重视野、符合时代发展需求、具有综合素质和创新能力的专业人才是当下国际化教育的目标之一。[13]交通运输规划专业国际化教育主要从教学、科学研究、关注国际学术的焦点等方面入手。

教学方面,团队需要拥有一批熟悉交通运输学科国际发展前沿并初步与前沿研究方向接轨的教师。大部分教师具有一定的国际交流、留学和进修的学术背景,能够独立组织或承担日益国际化的教学工作。此外,还应拥有开放、完整、具有显著特色的交通运输教学课程体系设置,教学目标明确,教学模式先进,教学设施完备。每年开展一定数量的国际学者课程教学,并与国际知名交通院系组织一定数量的中外联合教学课程。团队应具有国际公认的办学特色和人才培养水准,拥有稳定和确有实效的国际联合培养合作渠道。每年有一定数量的本科毕业生和研究生具有到国际知名交通院系和规划设计机构深造和工作的机会。

科学研究方面,应该保持与本学科国际学术团体、交通院校、行业协会、设计机构经常性的学术交流关系。团队需拥有相对稳定的国际科研合作对象,并且拥有一支具有国际科研交流合作能力及在国际学术会议作学术报告水平和能力的骨干教师队伍。教师和学生经常参加由境内外学校和规划设计机构举办的城市交通规划、交通设计与管理等国际会议和竞赛,并能够发表高质量论文和获得良好竞赛成绩。

紧跟国际学术关注的焦点,团队需拥有若干学术前沿的研究优势和实力,可以与国际一流交通院校开展对等合作,提供国际性求学交流机会,主办重要的国际学术会议,能吸引一定数量的国际学者主动参会交流,为学生创造学习国际前沿知识、技术的机会。

第 2 章 交通运输规划类人才培养体系

2.1 交通运输规划类人才培养目标与理念

2.1.1 交通运输规划类人才培养目标

教育必须培养社会发展所需要的人,培养社会发展、知识积累、文化传承、国家存续、制度运行所要求的人。结合新时期交通运输事业发展要求与学科特点,研究型人才的培养应适应国家经济社会发展对交通运输系统规划、设计、建设、管理等方面高素质人才的需求,以"培养德、智、体、美全面发展的社会主义合格建设者和可靠接班人"为根本遵循,培养具有家国情怀和国际视野,掌握扎实的自然科学、人文科学基础知识和交通运输规划理论方法,具有交通工程项目实践能力与独立的创新性科研能力,展现全面综合素质、终身学习能力、工程责任意识和社会责任感,担当引领未来和造福人类的未来战略科学家、工程科技领军人才和交通运输行业领军人才。

对于交通运输规划行业从业者来说,交通运输规划领域面对的问题往往具有很强的综合性和系统性,需要运用各种技术方法和政策手段解决社会复杂问题,因此处理问题需要以独特的知识结构为基础。同时要求管理者和技术人员具备社会责任意识和社会维度的思维能力,充分考虑技术对社会的作用和影响,并在社会公平正义原则的基础上,合理使用相关技术方法。交通问题的综合性与复杂性也使得交通运输规划师与管理者在工程实践中一般扮演综合任务的组织者、协调者角色,因此产生了跨学科沟通能力、综合把握问题能力以及系统掌控能力的要求。

结合我国工程教育认证协会制定的对于本科毕业生的 12 条认证标准(见表 2-1),交通运输规划类研究型人才应当具备的能力可归纳为以下 8 个方面,即专业基础理论和技能、思辨与判断能力、工程实践能力、独立学术与科研能力、创新能力、组织与领导能力、国际视野与跨文化交流能力、核心价值观与社会责任感。

表 2-1 我国工程教育认证毕业要求列表[14]

工程教育认证中的毕业要求	具体要求
工程知识	能够将数学、自然科学、工程基础和专业知识用于解决复杂工程问题
问题分析	能够应用数学、自然科学和工程科学的基本原理,识别、表达并通过文献研究分析复杂工程问题,以获得有效结论
设计/开发解决方法	能够设计针对复杂工程问题的解决方案,设计满足特定需求的系统、单元(部件)或工艺流程,并能够在设计环节中体现创新意识,考虑社会、健康、安全、法律、文化以及环境等因素
研究	能够基于科学原理并采用科学方法对复杂工程问题进行研究,包括设计实验、分析与解释数据并通过信息综合得到合理有效的结论
使用现代工具	能够针对复杂工程问题,开发、选择与使用恰当的技术、资源、现代工程工具和信息技术工具,包括对复杂工程问题的预测与模拟,并能够理解其局限性
工程与社会	能够基于工程相关背景知识进行合理分析,评价专业工程实践和复杂工程问题解决方案对社会、健康、安全、法律以及文化的影响,并理解应承担的责任
环境和可持续发展	能够理解和评价针对复杂工程问题的工程实践对环境、社会可持续发展的影响

(续表)

工程教育认证中的毕业要求	具体要求
职业规范	具有人文社会科学素养、社会责任感,能够在工程实践中理解并遵守工程职业道德和规范,履行责任
个人和团队	能够在多学科背景下的团队中承担个体、团队成员以及负责人的角色
沟通	能够就复杂工程问题与业界同行及社会公众进行有效沟通和交流,包括撰写报告和设计文稿、陈述发言、清晰表达或回应指令。具备一定的国际视野,能够在跨文化背景下进行沟通和交流
项目管理	理解并掌握工程管理原理与经济决策方法,并能在多学科环境中应用
终身学习	具有自主学习和终身学习的意识,有不断学习和适应发展的能力

研究生各项能力的培养要求建立包括理论教学、实践教学、网上助学、自主研学的教学体系。理论教学由科学基础知识模块、人文社科知识模块、核心专业基础模块、高级专业基础模块、学科专业研讨模块、跨专业基础知识模块、思政课程模块、学教与科创研讨模块以及校企合作模块构成。科学基础知识模块注重基础理论知识的掌握和体系构建,如数学模型、数据结构、算法基础、信息与控制等,其中数学模型、数据分析与建模等课程是承载逻辑思维训练的课程,算法基础等课程是计算科学的核心之一,这些课程共同为从事独立学术和科研活动打下坚实基础。各项课程模块之间相互补充、相互巩固、层层递进,共同构成交通运输规划类研究型人才培养课程体系。不同课程模块侧重于对应能力的达成,最终形成课程教育要素和能力要素间的相关矩阵,如表2-2所示。

表 2-2　课程教学要素-能力要素矩阵

课程教育要素				能力培养要素							
教学模式	课程模块	部分课程名称		专业基础知识理论与专业技能	思辨与判断能力	工程实践能力	独立学术与科研能力	创新能力	组织与领导能力	国际视野与跨文化交流能力	核心价值观与社会责任感
理论教学	科学基础知识类	数据结构、城市规划原理、计算方法、信息与控制、英语技能训练		√	√						
	人文社科知识类	人文通识课、人文素养讲座等		√						√	√
	核心专业基础类	交通运输工程理论、交通运输系统分析方法、交通运输规划理论与方法等		√			√			√	
	高级专业基础类	智能交通技术、运输系统组织与控制等		√	√	√	√	√			√
	学科专业研讨类	现代交通管理基础理论、交通工程案例分析、交通运输法等		√	√	√	√	√			
	跨学科基础课程类	城市规划研究方法论、经济学基础、法律、政策类课程、地理学基础课程		√			√			√	
	思政课程基础类	自然辩证法概论、中国特色社会主义理论与实践研究		√				√			√
	学教与科创类	学教讲座和科创讲座		√							√
	校企合作类	校企合作课程		√				√	√	√	√

（续表）

教学模式	课程模块	部分课程名称	能力培养要素							
			专业基础知识理论与专业技能	思辨与判断能力	工程实践能力	独立学术与科研能力	创新能力	组织与领导能力	国际视野与跨文化交流能力	核心价值观与社会责任感
实践教学	课程设计类	交通设计等课程设计、毕业设计	√		√					√
	创新项目训练与学科竞赛类	科研训练项目	√	√	√	√	√	√	√	√
		"挑战杯"全国大学生课外学术科技作品竞赛	√	√		√	√	√	√	√
		全国研究生数学建模竞赛	√	√		√	√			
	工程项目实践类	横向项目实施全过程项目技术培训	√	√	√	√	√	√	√	√
	纵向课题实践类	科研模拟申报培训	√		√	√	√	√	√	√
		科研课题申请	√		√	√	√		√	√
		科研课题过程管理				√				
		专利申请培训				√				
		外来科研课题审阅							√	
	工程伦理与职业素养培训	工程伦理课								√

(续表)

教学模式	课程模块	部分课程名称	专业基础知识理论与专业技能	思辨与判断能力	工程实践能力	独立学术与科研能力	创新能力	组织与领导能力	国际视野与跨文化交流能力	核心价值观与社会责任感
网络助学	网络课程类	TED、MOOC、Coursera、EdX等在线网络课程	√	√			√			√
自主研学	技术规范导读类	城市交通规划读本、城市交通设计读本、公共交通规划与设计读本、交通安全与管理读本等	√		√	√				
自主研学	软件技术培训类	TransCAD、EMME、Aimsun、Vissim、SPSS等		√	√		√			
自主研学	文献研读类	教师导读、自主研读、师生共同讨论点评	√			√			√	√
自主研学	学术学位论文撰写与发表培训					√				√

2.1.2 育人理念与人才培养体系

育人理念作为教育行为的先导和深化教育的前提,会随着社会发展进程而不断适应、发展。研究型人才培养教育以立德树人为根本任务,应大力实施有温度的教育,并健全与培养目标相适应的人才培养体系。

1. "四个结合"教育理念

为了培养有正确价值观引领、具有家国和人文情怀、能够持续创新的交通运输规划类人才,团队在培育研究型人才时,坚持通识与专业相结合,科学与人文相结合,理论与实践相结合,共性与个性相结合,形成"四个结合"的育人理念。

通识与专业相结合。通识教育是各领域、各学科一般性知识的教育,能够同时传递人文精神和科学精神,赋予学生价值判断、价值选择和通用能力,实现学生在思维能力提升、思想道德增强等方面的延伸。例如学生在学习数学、物理等基础课程时,并不仅仅是记住了公式,更重要的是长期的科学思维训练、独立思考和探索精神的形成。针对交通运输规划类研究生,通过人文通识课程、人文素养讲座、思政课程等方式,一方面向学生展示了不同的文化和思维方式,赋予学生正确的人生观、价值观、世界观,同时培育了学生的人文精神和完整人格。专业教育以专业知识训练为主,注重实践和创新能力培养。通识教育必须要有专业教育的支撑。只有通识教育与专业教育相融合,建立通专融合的体系,才能使得学生具备贯通科学、人文、艺术与社会之间经络的能力,成为富有批判性、社会责任感和自我反思能力的个性化人才。

科学与人文相结合。高水平领军人才的培养目标要求以科学与人文并重的理念制定研究型人才的培养路径、模式与方案。科学的根本是探索事物的规律,是教导学生求真;人文解决的是方向问题与价值观问题,教导学生求善、求美。两大类学科知识的相互交叉和渗透,最终实现学生"真、善、美"的价值观养成。进入研究生阶段后,学生通常更注重与专业相关的学科知识学习与实践。以交通运输规划研究生为例,培养方案通常更加重视计量经济学、系统工程学等科学知识的学习，以及相应的科学研究和科学训练。研究生阶段学生能够投入到人文素养提升上的精力有限，需要通过人文通识课、人文讲座、跨学科合作与交流等方式，实现研究生人文素养的提升，同时能够促进不同学科团队间的资源共享和密切合作，促进交通法理、交通心理等交叉学科创新成果的产出。

理论与实践相结合。区别于本科阶段以基础理论知识学习为主要教学目标，研究生的教学和培养更注重科研创新和工程应用实践。科研创新能力是研究型人才的核心竞争力，也是推动交通运输学科基础理论不断向前发展的动力。科研创新的理论成果最终应当用来解决实际工程问题，服务于区域和城市交通问题的缓解与应对。因此在人才培养过程中也必须处理好教学、科研与社会服务的关系，加强学生的科研和工程实践的能力。在横、纵向科研实践项目的参与过程和科研成果的凝练产出过程中，锻炼学生的学术分析判断能力、对社会需求的问题凝练能力、技术操作层面的问题解决能力等。

共性与个性相结合。新一轮科技革命和颠覆性技术发展速率加快，作为对国内外学科发展前沿、国家重大战略和社会需求的回应，交通运输规划学科未来培养人才的核心专业基础、知识体系和创新人才培养路径具有明显的不确定性。除了要把握好当前研究型人才成长共性规律以外，还必须通过多样化的培养模式，为学生提供体系开放的教育环境和多元选择的发展路径，从而让学生们发挥出各自的特点和长处，保证每位学生找到最适宜的发展路径。

2. "四维一体"人才培养体系

交通运输规划类人才培养应形成具有专业特色、体系开放、机制灵活、渠道互通、选择多样的人才培养架构，秉承"价值塑造，人格养成，能力达成，终身发展"的"四维一体"人才培养体系。

"四维一体"人才培养体系的核心要素是思想引领与价值塑造、传道授业解惑与能力达成、人格养成与责任担当、终身学习与自主发展四个维度的协调与融合。

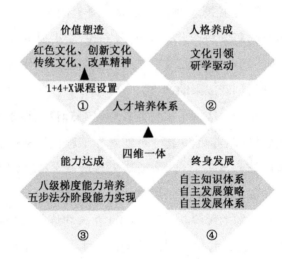

图 2-1 "四维一体"人才培养核心要素

（1）价值塑造

价值塑造是对意识形态的培养，在"四维一体"人才培养理念中居于首位。价值塑造是一个长时间的、潜移默化的过程，体现在课程讲授、活动交流中，也蕴藏在导师的言传身教中。交通运输规划类课程体系的建设、教材的选择、研学活动的组织，以及教师队伍思想政治素质和育人能力，都关系到学生的意识形态和价值取向的培养。

结合中国特色社会主义核心价值教育的需要，在交通运输规划类人才的价值塑造过程中，传播红色文化、创新文化、传统文化和改革精神，以课程为核心，将社会主义核心价值观融入专业课程教育体系和实践环节。努力营造全员育人、全课程育人、全过程育人的氛围和环境，形成"1+4+X"的课程设置方式，努力实现学生的全人发展。

① "1"为学校设立的一系列研究生思政课程

思政课程是系统开展马克思主义理论教育、开展社会主义核心价值观教育的有效途径。[15]研究生阶段思政课程主要有自然辩证法概论、中国特色社会主义理论与实践研究等，旨在理解辩证唯物主义的基本观点与科学的思想,学习科学的认识方法与实践的真理尺度和价值尺度,学习正确认识社会生活的本质、发展规律与社会问题的方法,弘扬人文精神和科学精神,引导学生坚持辩证唯物主义的世界观、坚持理论与实际紧密结合的实事求是的科学精神;拓宽基础,促使学生形成知识的大局观、整体观。

② "4"为四类课程思政

研究生阶段课程主要包括学科导论课程、学科基础课程、学科专业课程和实践教学课程四类课程。在课程中融入思想政治理论教育,对坚定学生对中国特色社会主义的理论自信、道路自信、制度自信和文化自信具有重要意义。

学科导论课程,如交通运输工程学等,由经验丰富的教授结合我国社会发展进程,讲述交通运输工程学科的发展历程和社会主义制度下交通学科的理论和实践成果。学科基础课程和学科专业课程,包括数据结构与分析、数学模型、最优化理论与方法、交通工程理论、交通规划理论与方法、智能运输技术等。实践教学课程除学校设置的工程认识、课程设计以外,还包括专业课程中的社会实践活动等,如参与到实际的工程项目中,完成部分规划与设计工作。实行实践育人,通过社会实践来强化学生的社会责任感,让学生逐步融入社会发展体系。

③ "X"指的是自主研学课程

人文与科学素养类课程。要求学生积极参与"三高"课程,即高水平课程、高质量活动、高水平讲座。在与非限定领域的学者、专家、企业家、工程师沟通交流的过程中,拓宽基础知识体系,跟踪我国在各领域内的前沿研究与进展,提升文化和科学素养。

社团文化及社会实践活动。参与学校或学院社团及各类社会实践活动,提高团队合作意识和社会服务意识。

从事纵横向科研活动。直接服务于社会实际工程的需要,要求学生在解决实际交通问题的过程中将所学理论知识转化为解决问题的能力,在此过程中加强社会责任感。

参与学科竞赛等活动。参与或指导全国交通科技大赛、"挑战杯"全国

(2) 人格养成

人格是教育与习得、规训与内修、观察与体验等诸多方面合力的结果，是个体的行为自觉与群体的知行理性共同作用的结果。人格养成则是生命个体在一定社会情景中主动修为、积极体验和自觉感悟的过程。"大学之道,在明明德,在亲民,在止于至善"。[16]教育的真谛是育人,育人的核心是培养人格。高等教育不仅包括传授知识和培养能力,还必须包括对学生健全人格的培养。

重视学生的人格培养是现代社会发展的需要。创造与竞争是现代社会发展的显著特征,这一特征要求当代规划类人才不仅要有知识、有能力,更要具备较高的人格素养。重视学生人格养成,正是高校面向未来社会做出的必然选择。重视学生的人格培养是高校素质教育的根本要求。素质教育是以立德树人、提高人的整体素质、形成健康人格、发展良好个性为目的的教育。重视人格培养也是学生健康发展的客观要求,有针对性的人格培养与教育,能够引导学生在正确的人生方向上前进。

人格健全属于高层次的心理健康,表现为有高尚的目标追求,发展建设性的人际关系,从事具有社会价值的创造工作,渴望生活的挑战,寻求生活的充实与人生意义。根据 A. H. Maslow(1956)关于自我实现的 14 项人格特质描述,健全人格有以下一些标准：[17]

① 对世界持开放、包容态度,乐于学习和工作,不断获取新经验；
② 以正面的眼光看待他人,有良好的人际关系和团队精神；
③ 以正面的态度看待自己,能自知、自尊、自我悦纳；
④ 以正面的态度看待现在和未来,追求现实而高尚的生活目标；
⑤ 以正面的态度面对挫折,能调控情绪,心境良好。

在新时期下对于交通运输规划类人才来说,人格这一概念一般指的是学生应该具备既符合当代经济社会发展需要,又符合自身全面发展需要的素质和能力,包括综合的知识素养、良好的创新能力、过硬的心理素质和良好的协调管理能力等。树立追求新知识、进取竞争、开拓国际视野等新的人格意识。健全人格的决定因素包括人格基础、生物遗传基础、文化基础、个体与环境的交互作用。对渐具独立人格和主体意识的高校研究生而言,其人格的养成与升华必然需要依循文化引领和行动导向的双重熏染。具体路径包括:

① 文化引领

即由文化促成的规则、观念、价值体系的正能量引导。主要是高校文化体系、研学团队文化氛围对社会主流文化的自觉传承,对社会既定规则观念和价值体系的发扬与强化。团队文化功能发挥的同时,学生置身其中也逐渐将求真、向善、唯美的理念纳入自身认知观念体系,这样的观念体系再反作用于个体与群体的行为实践,从而完成研究组织机构在文化层面的不断进化与自我超越。

② 研学驱动

即通过课程学习、研学活动,使学生实现人格与智慧的同步完善、知识与体验的同步丰富。在形态化的课程及活动中对学生施以兴趣激发、情感认同培养、意志力与行为训练等人格养成与教化,同时实现传播、传承与创造文化的文化再生功能。

除课程教学外,学校社团活动、社会实践活动、社会服务项目等也是人格养成的重要途径。这些活动集中、深刻地投射了主流社会的价值、规则及制度体系,能够加速学生对于主流社会价值观的情感认同,促成学生人格养成的外在感性认知与理性行动的内在自觉。

(3) 能力达成

交通运输规划类人才应当具备的综合能力构成与能力达成途径如下。

① 专业基础理论和技能

结合通识课程、专业基础课程和自主研学课程学习,学生应当掌握交通运输规划基础理论与方法。结合数学、系统工程等基本理论知识的学习,获得交通系统分析与研究的能力,在交通规划、交通设计、交通管理与控制等方面具备设计和应用能力。结合交通运输规划团队的技术培训体系,通过数据分析与建模、工程制图、计算机应用、软件学习等方面的基本训练获得专业基础技能,如 AutoCAD、EMME、Aimsun、Matlab 等软件的基础操作,以及机器学习、大数据爬取与分析等新技术的基本原理等。

② 批判性思维与逻辑思维能力

指观察、独立思考、辨析、分析决断的能力。这种能力需要以宽阔扎实的知识为基础。在基础理论知识学习、项目实践、专业与特色研学过程中不断更新和优化研究生立体知识结构,如通过跨学科研学讲座开阔学生视野,拓宽解决问题的思路,丰富知识结构。在培养过程中注重创新性思维的培养,在经典文献研读、主题学习月、研学讲座、科创讲座、组会交流中完成学生的交流和思想交换,使学生获得逆向思维等能力,逐步形成创新性思维,打破惰性思维模式,形成独立思考能力。

③ 工程实践和解决综合问题能力

实践能力的获得应当与学校承担的横纵向项目结合,不同培养阶段侧重的能力不同。通过交通运输规划领域相关软件的学习和应用,锻炼学生在工程实践中所需的各项技能。软件一般包括 Office 等办公软件,AutoCAD、PS 等绘图软件,SAS、SPSS 等统计分析软件,TransCAD、EMME 等宏观交通软件,Aimsun、Vissim 等微观交通软件,R、Python 等编程软件。通过实际工程案例的教学和体验,让研究生在实践中提升解决综合问题的能力。

表2-3 交通运输规划领域常用软件

序号	软件类型	软件名称
1	办公软件	Word、PowerPoint、Excel、Visio 等
2	绘图软件	AutoCAD、3DsMAX、PS、AI 等
3	统计分析软件	Matlab、SAS、SPSS 等
4	宏观交通模型软件	TransCAD、EMME、Cube 等
5	微观交通仿真软件	Vissim、Aimsun 等
6	编程语言	C++、R、Python 等

④ 独立学术与科研能力

研究型人才科研能力的基本要素包括逻辑思维能力、发现问题与解决问题能力、资料收集与处理能力、自我监控能力、语言表达与人际交往能力、工程实践能力,如图 2-2 所示。根据不同学生的特质与个性将科研能力要素训练与专业课程学习有机结合。

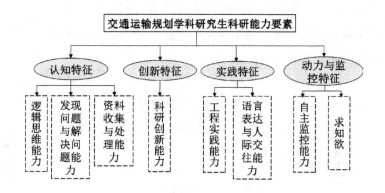

图 2-2 交通运输规划学科研究生科研能力构成要素

交通运输规划从业者在日常工作中往往需要与多方协调。写作、沟通、表达能力是科研工作者、领导者的必备素质之一,且其写作和表达方式有着特定要求。因此,在研究型人才培养过程中必须重视学生写作和沟通能力的培养与训练。研究型人才侧重于逻辑性写作或说理写作,写作水平在很大程度上是思维水平的体现,写作训练的同时也是思维训练。提升学生写作与沟通能力的具体举措包括:

参与科研课题研究。学生参与研究团队的国家级、省部级科研项目的申请与开展,直接学习并领悟科学研究逻辑与报告写作范式,不断磨炼和提高读写能力。组织新生开展模拟申报活动,培养申报书撰写能力。通过这一活动学生能够提前了解科研项目申请流程和主要内容,学习科研课题申请书撰写格式要求等。

学术论文撰写培训、学位论文写作指导。在入学第一年就开始学习文献研读及学术论文的写作方法,以小论文撰写作为主要学习方式进行教学,针对如何写论文,包括内容、文字规范和引用格式等,规范学生的学术论文写作。

采用小组交流、培训讲座等方式,显著提升学生的写作表达能力,提高沟通交流能力,培养逻辑思维和批判性思维。

⑤ 创新能力与灵活应变能力

研究型人才应当具备创新意识、创新思维、创新精神、创新能力并能够产出创新成果。一般来说创新能力包含了创新学习与革新能力、批判性思考与问题解决能力、创新性交流与写作能力等方面。

能力的提升主要通过"做中学、学中悟、悟中行、行中研、研中创"梯度推进，分阶段实现。见图 2-3。

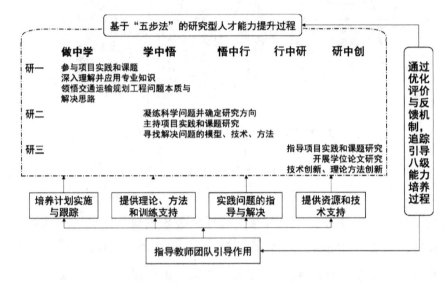

图 2-3　梯度推进研究生能力培养策略

⑥ 组织与跨界领导能力

组织和领导能力是新时期领军人才必备的能力，是领导者引领团队成员成功有效地完成组织目标的必要特质。坚持让研究生自我服务、自我管理，学生在研一下学期参与团队管理的具体工作，培养学生坚强的意志以及勇于挑战科研、工作重担的勇气，在提高交流与沟通技巧的基础上，帮助学生明确追求目标，养成良好的工作习惯，积累丰富的经验，提高记忆能力，克服惰性心理。通过提高决策谋略能力、凝聚能力、工作创新能力等，最终达到领导能力的提升，实现学生与团队的共同成长。

⑦ 全球合作思维与多元文化交流能力

具备国际视野是研究型领军人才的必备素养，从而能够站在全球背景甚至更广阔的角度上洞察交通规划行业的规律与变化。鼓励研究生积极参加国际、国内高水平学术会议，如美国科学院交通研究委员会 TRB（Transportation Research Board）会议、COTA 国际交通科技年会（International Conference of Transportation Professionals）等，了解学科研究前沿进展和风向。邀请海外著名专家学者利用假期或讲学机会，给学生带来前沿学术讲座。鼓励研究生出国联合培养，在国家留学基金委或学院"双一流"学科建设的支持下，前往海外知名高校和高水平研究团队学习。同时鼓励有志向的学生在完成本科或硕士研究生阶段学习后，继续赴海外深造。在这些过程中学生不仅能够提高跨文化交流能力，更能加深对多元文化的理解和包容，拓宽视野，获得更加健全的世界观和价值观。

⑧ 核心价值观与社会责任感

社会主义核心价值观和社会责任感是每一名研究生应当具备的最基本的素养。除思政课程和课程思政过程中由教师通过讲授、研讨等方式直接向学生输送社会主义核心价值观外，应结合交通运输规划学科的工程实践特征，发挥实践育人的作用，通过具体的工程实践环节、社会实践环节，展现社会主义核心价值观在社会发展过程中的优越性，让学生在具体的工作中体会交通规划师所担负的重要责任，强化社会责任感，并融入社会发展体系。

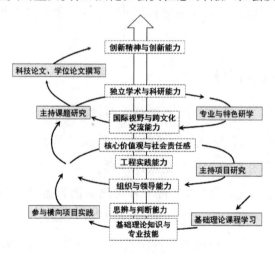

图 2-4　能力体系与能力螺旋式提升途径

(4) 终身发展

学习型社会的发展要求学生终身学习，终身发展。为了提高交通运输规划类人才的综合素质，应对新技术革命带来的知识突变，应培养交通运输规划类人才的终身发展能力，使其能够认识事物发展演变规律，顺应时代发展变化，不断学习新知识，自主构建知识体系；通过思维模式与方法论的系统训练，使学生能够基于问题和目标导向，结合自身的特点，自主选择发展策略，自主构建发展体系，实现人生目标。

2.2 交通运输规划类人才培养模式

重视人才培养模式的改革创新是高校培养杰出人才的关键，我国在教育体制改革总体部署中也将创新人才培养模式作为一项重要的战略性课题[18]。信息化时代背景与诉求下，对于不同的人才类型应分类施策，允许其有自主发展的机会。交通运输规划类人才培养模式应坚持体系开放、机制灵活、渠道互通、选择多样，采用"2+X"或"1+1+X"模式，以国际化、卓越化、研究型、个性化培养为主。

根据学生个人素质、教育背景、知识结构等的多样性，可采用的人才培养模式包括国际联合培养、校企联合培养、多学科交叉培养和本硕博一体化培养。

2.2.1 国际联合培养

在"互联网＋"的大背景下，全球性竞争带动了科学技术、文化教育的国际交流和全球扩散。国际化视野是学术团队保持学术敏感度和高水平学术成果的基础，国际化战略的核心是人才培养。为学生提供国际化教育，为学术团体培养国际化人才，对学生和学习共同体而言都是一种必需。培养拥有全球视野的人才是世界一流学术团队的共识。

以广泛的国际交流和密切的国际合作，引发学生对国际关注的原发性学术思想的思考；以产出引领世界发展进程和方向的原创性学术成果为目标,提出并实施"三跨四经历"的人才教育模式,"三跨"即跨学科、跨学校、跨国境,"四经历"即本科经历、硕士经历、企业实践经历、海外学习经历。积极实现每一位团队成员的国际化教育与国际化体验。

出国访学的研究生通过参与国外实验室的研究工作,对国外大学的教学与研究资源体系建设和科研风尚有了亲身体验和感触,使得学生可以实现"国内与国际的平衡",调和文理、沟通中西,放眼世界、虚怀若谷,唯真是求、唯美力修。

1. 教学国际化

通过基础教育的国际化提升交通运输规划类团队的国际化整体水平。教学内容国际化,如结合研究生课程组织原版教材学习,学习双语教学课程等;鼓励学生撰写英文科技论文,并组织参加美国科学院交通研究委员会TRB年会、COTA国际交通科技年会等;结合自主研学讲座、学校讲座等,鼓励学生用英文与国外同行交流科研成果等。

2. 多渠道国际化培养形式

交通运输规划类研究生国际化培养有多种形式可供选择。结合学院、学校联合培养计划、个人申请等层面的多样化出国方式,可以为学生提供博士生公派联合培养、博士毕业出国攻读博士后、硕士生毕业出国攻读博士学位、本科生毕业出国攻读硕士或博士学位、高年级本科生出国交换等适宜的出国机会。

3. 构建国际科研合作教育平台

鼓励和支持研究生参加国际学术活动,并与国际学科知名高校和机构建立密切的合作关系,力争实现短期合作互访常规化,为增强研究生出国的多样性和外出留学快速适应性打下基础。及时交流研究生在国际化培养中存在的问题,为研究生在国外的学习创造良好的环境和后勤保障。

2.2.2 校企联合培养

校企联合培养是研究生教学过程的重要组成部分,是培养学生的创新精神和实践能力不可或缺的重要实践环节。

校企合作培养基地是指具有一定实践规模并相对稳定的、高等学校学生参加校企合作培养和社会实践的重要场所。建设稳定的校企合作培养基地是提高实践质量的重要保障，对于高素质人才的实践能力和创新、创业能力培养有着十分重要的作用，是实现学校培养目标的重要条件之一。

通过校企联合培养，以期实现学生个性化与多元化的协调发展，让学生在掌握知识的同时结合产学研一体化，培养自身的社会发展能力（包括实习、就业、工作转换和创业等环节）。围绕团队建设国际化、知识技能复合化、创新实践自主化、教学资源集成化、监测评估系统化等要素，构建实践教育培养模式。

1. 团队建设国际化

团队国际化的内涵包括了五个方面，即学者国际化、学术国际化、学科国际化、学生国际化和管理国际化。努力推进国际合作项目的实施，内容包括共同撰写学术论文、联合申报科研课题、合作建设联合仿真模拟实验室、共享数据资源以及拓展工程咨询领域等。

2. 知识技能复合化

坚持"宽专交"与"精深通"并行，通识方法与专业技能并重的教育模式。在人才培养过程中，前期教育要培养宽广的专业知识，后期则侧重专业教育和学科交叉学习，培育复合型人才。对所学知识的积累与应用中要精于学科基础课，专业课要深入学习，在擅长或感兴趣的领域有所钻研、有所突破，并能将这种能力迁移到其他领域。通过这种逐级推进的教学方法，实现学生个性化与社会化的协调发展，在掌握知识的同时培养自身的社会发展能力。

3. 创新实践自主化

结合自主研学体系，充分调动学生创新积极性。重视运用团队学习、案例分析、实践研究、模拟训练等方法，鼓励学生积极、主动参与教学活动，注重培养学生发现问题、研究问题、解决问题和评价问题的意识和能力，加强实践能力的培养。提出"做中学、学中悟、悟中行、行中研、研中创"五步学习法，引导学生在实践中巩固所学，在学习中感悟方法，在感悟中有所钻研，在钻研中进行应用,在应用中力求创新。

4. 教学资源集成化

着力建设可持续的校外导师指导团队,邀请交通规划、城市规划、交通地理信息、智能交通、交通法以及系统工程、经济学、管理学、数学等学科领域的专家学者,针对各学生不同的研究领域,在其平时科研、学术论文的撰写及学位论文的开题、中期考核和答辩过程中提供有针对性的个性化指导;并定期举办高端学术讲座,拓宽学生视野,达到知识扩容和强化体系的目的。

5. 监测评估系统化

依托团队全员矩阵式服务管理和全过程网络化多元动态测评和监督保障体系,实现学生的自我教育、自我服务、自我管理和自主发展。

2.2.3 多学科交叉培养

在知识发展的统合趋势和学科范式向学科交叉范式转型的大背景下,交通运输规划类研究生培养模式从学科模式向学科交叉模式转变也将成为主要趋势。交通问题具有复杂性和系统性,需要城市规划学、社会学、经济学、心理学、法学、数学等多学科知识和方法的交叉、融合才能解决,因此行业对具有学科交叉背景与能力的高层次创新人才的需求十分紧迫。针对跨专业研究生构建立体交叉的培养环境与机制,培养未来能够解决综合性交通运输系统问题的复合型创新人才,已经成为交通运输类院校对于研究生教育发展的共识。

多学科交叉培养并不是不同学科教育的简单叠加,而是要将多学科内容组合形成有机整体,以更好地培养学生的创新精神与实践能力。由于不同学科在学科发展背景、发生演变规律等多方面的独特性,多学科交叉人才的培养应首先完成文化、学理、学缘上的交叉与融合,从学科产生与发展背景出发,分析相关学科最基本的学科知识结构和知识地图,找到不同学科之间的连接点与整合点,将分散的课程知识按跨学科特性进行整理与融合,使之结构化。

注重各学科、各专业方向间教育资源的统筹配置与利用,鼓励学生跨学科、跨专业选课,形成专业特色鲜明、多学科立体交叉的课程体系。

1. 跨专业方向共建课程

学生可根据自身兴趣及发展需求跨专业选课,如城市规划、经济学、管理学、艺术、心理、地理、法学等,结合专业选修课、公共选修课等课程形式,使交叉学科知识得以传授。

2. 交叉学科研究生的课程体系建设

将其他专业方向的专业基础课(核心主干)、专业必修课和前沿类课程列入本专业的选修课群,如人工智能、机器学习等。

3. 学术交流与团队文化建设

学术交流和团队文化具有导向功能。如讲座、学术报告以及各种文化活动,对学生有直接或潜在的导向作用,广泛开展交叉学科学术讲座与课外活动,能有效提高学生综合素质培养的效能。例如通过自主研学模式,邀请国内外各行各业专家学者举办高端讲座。

2.2.4 本硕博一体化培养

该模式主要用于培养在高校和科研机构从事教学和研究、具有原创精神和能力的研究型人才,重在学术创新。本硕博一体化研究生培养模式为高层次交通运输规划专业人才的培养发现优秀生源,通过本硕博连续、贯通的培养过程,使具有扎实基础的优秀学生具备更明确的持续发展空间和目标。本硕博一体化的培养模式可以保障学生专业学习和研究工作的持续性和稳定性,符合交通运输规划学科发展和国家交通强国战略对高层次交通运输学科人才的需求。

根据不同的生源条件和专业基础,针对不同类型的本硕博一体化培养的学生因材施教,制定个性化培育方案,个性化分类指导,可以形成本科阶段+直博阶段、本科阶段+硕博连读阶段、本科阶段+硕士阶段+博士阶段等几种形式。学生在低年级即成为导师制学生,或本科高年级确定导师,并在导师指导下开展基础科研和实践活动,主要有本科生科研训练计划

(SRTP)、全国交通科技大赛、"挑战杯"竞赛、本科毕业设计等形式。完成本科培养阶段后,进入研究生阶段学习,按照本专业硕士研究生、博士研究生培养方案进行培养,最终完成毕业论文写作并通过答辩,取得学位证书和毕业证书。

为达到本科导师制学生与研究生专业课程教学的贯通,以及博士研究生与硕士研究生课程的衔接与贯通,在专业教育的拓展阶段,以学术方向为单元,建立跨越年级与培养阶段的竖向结构,提高课程教学效率;统筹师资力量,强化各级学位培养的优势教学资源。以交通科学理论发展和交通文化传播为己任,构建以博士后和博士研究生为科学研究骨干,硕士研究生为中坚力量,SRTP 和本科导师制学生为重要组成的研究梯队,形成博士后—博士研究生—硕士研究生—本科 SRTP(本科导师制学生)组成的结构合理的链式研究体系,如图 2-5 所示。

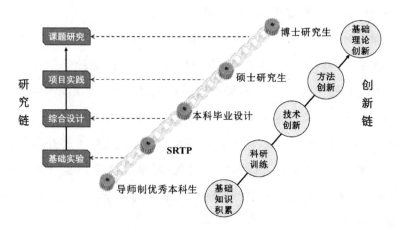

图 2-5　本硕博一体化链式人才培养结构

2.3　交通运输规划类人才培养方案

培养方案直接作用于人才培养的全过程,直接影响人才培养的质量[19]。培养方案的制订与多元化的培养模式相对应,同时方案要尊重学生的差异,尊重学生选择的权利,留出更多的教学灵活性空间以支持个性化培养。

2.3.1 导师制学生培养方案

本科生导师制是指聘请有教育管理经验的教师在师生双向选择的前提下担任本科生的指导教师,对他们进行思想引导、专业辅导、生活指导、心理疏导的学生管理制度。本科导师制学生是研究链的重要补充。

1. 培养目标

导师制学生在本科阶段应通过初步的科研训练,了解并初步熟悉科研工作全过程,在专业上形成严谨的科研思维和立体化的知识结构,找到研究兴趣点,并在相关领域打下基础理论与技术方法的坚实基础。

2. 培养方案

(1) 实施"三早"工程

"三早"指的是早实践、早科研、早进实验室。

交通运输规划学科重视解决社会生产实际问题的工程实践能力。学生不能只在象牙塔内学习书本知识,应当从本科生阶段起让学生在实践中认识城市发展与变化的规律,了解城市交通系统,培养学生在现实生活中发现问题、分析问题、解决问题的能力。鼓励导师制学生在本科阶段就接触工程实践项目,到全国不同区域、城市进行现场调研与考察,了解并参与基础资料收集与整理、招投标与项目编制等过程,尽早熟悉项目实践的场景与过程,加深对交通工程实际问题的理解,作为后期深入学习交通学科原理和科研创新的基础。

鼓励导师制学生参与 SRTP、各类科研竞赛和本科毕业设计等,尽早接触科学研究的方法,培养科研思维和创新能力。一是为了使学生对科研全过程有基本的了解,二是科研思维方式的训练,三是让学生亲历科研过程,激发学生潜能和创新能力,帮助导师制学生寻找研究兴趣点,并能够有针对性地学习相关领域的技术与方法。

早进实验室是学生尽快融入科研团队的前提之一,而能否达成与团队科研方向、团队氛围和团队发展模式的契合,关系到导师制学生未来是否能够在团队顺利完成能力的达成和自主知识体系的构建。

将"三早"工程贯穿于导师制学生的培养过程中,还应根据学生具体情况和团队科研情况与特点采用不同的引导和教育方式。总体上都是为了让学生对科学研究过程有更正确和更深刻的理解与认识,形成严谨的科研思维和立体化的知识结构,使他们在未来的学习中有更强的创新能力。见表2-4。

表2-4 "三早"工程具体措施

早实践	早科研	早进实验室
参与横向项目 现场调研与考察 短学期课程实习 企业实践 ……	SRTP项目 国、省创项目 学科竞赛 本科毕业设计	参与学术讲座 参与文化活动 参与研究团队讨论 ……

（2）学习计划制订

除了完成学校培养计划中规定的基础课程与专业课程学习,导师制学生需自主深化基础理论知识、掌握前沿技术工具、拓展跨学科知识领域。

深化数学概率论、最优化理论与算法、图论等交通运输系统工程学科的基础知识；熟练掌握交通规划软件、仿真软件、编程软件的操作与应用；拓展城市规划学、经济学、法律政策学科等方面的理论知识。

（3）项目实践计划制订

要求导师制学生参与研究团队指导的SRTP科研实践训练,以项目组的形式,由指导老师及学生共同研讨确立项目选题。根据SRTP的质量控制体系,即"五次培训、三次汇报、两次活动、一次申报"的指导形式,在项目申报、开题汇报、中期汇报、论文撰写、专利申报、项目参赛、项目结题等科研实践全流程的不同阶段对学生进行综合素质培养。

完成研究团队内部SRTP中期汇报后,根据项目理论与实践意义、项目进展与成果情况,SRTP项目可以进一步申报省级大学生创新创业训练计划及国家级大学生创新创业训练计划,以提升项目依托平台,更好地支持下一步研究深化。

鼓励学生参与各类学术与创新实践竞赛,以实现项目成果的深化与完善。团队将在竞赛准备阶段对学生的学术与科研工作进行指导与优化,力争在竞赛中获得佳绩。

导师制学生也可参与研究团队的项目实践与学术科研工作。项目实践中,学生可跟进团队在研项目或课题一项,全程参与项目各个阶段的研究与研讨活动,并完成项目的部分研究成果;学术科研中,学生可结合团队研究领域与自我兴趣,选择一个研究方向,完成学术论文的研究与撰写工作。

导师制学生在寒暑假期间参与企业实习,并可与导师共同商议制订校企联合培养计划,以丰富学生的实践经验,增强学生的企业文化认知,并培养学生对行业的热情与责任感。

(4) 团队文化参与

鼓励导师制学生参与团队举办的学术与文化活动,包括学术沙龙、例会与学术讲座、各研究团队组会、项目研讨会以及各项文化体育活动。在活动的参与中促进学生的团体认同感与责任感,促进学术交流与团队文化传承。

(5) 基于毕业多元化选择的个性指导

① 对于毕业后意向就业的学生,团队对其进行"卓越化"培养,强化学生的项目实践和创新创业能力培养,锻炼其团队协调能力与领导能力,并注重企业文化认知、行业责任感的培养。

② 对于毕业后意向出国继续深造或工作的学生,应在培养过程中鼓励其拓展国际化视野,提升自己的国际竞争力。注重学生在本科期间的英语能力培养、对国际前沿领域的关注及创新能力的培养,鼓励学生参与国际会议、出国交流学习等。

③ 对于毕业后意向在本校或国内其他高校学校继续读硕(博)士研究生的学生,应注重学生培养过程中科学思维、辩证思维习惯的养成,

构建基础知识体系、健全专业知识技能与跨专业知识体系、培养创新能力。

若导师制学生选择在团队继续开展研究生或博士生阶段的学习,研究团队可对表现优秀的导师制学生给予优先考虑的机会,纳入到从本科阶段到硕博士阶段能力培养的完整体系中,即"做中学、学中悟、悟中行、行中研、研中创"的培养过程。通过本科阶段 SRTP 与毕业设计、硕博士阶段横纵向科研项目及学术学位论文撰写等训练过程,使学生具有扎实的基础理论、专业技能、组织协调能力、表达能力、科研能力、实践能力以及创新创业能力。

3. 团队管理保障

研究团队在导师制学生的成长和培育过程中负责为学生提供资源保障和机制保障。

所有导师制学生均可以享受研究团队的项目资源和人力资源。在研究团队这个"大平台"上鼓励学生参与项目调查实践、例会学习、文化活动等。同时鼓励学生在各研究方向课题组的"小平台"上参与学术研讨,加强交流,相互学习,共同进步。

导师制学生培养初期应开展新生始业教育,引导学生理解、融入团队研学体系。在 SRTP 科研训练过程中以"五次培训、三次汇报、两次活动、一次申报"的形式指导和督促学生,确保科研训练的严谨与有效。

每月定期开展一次指导团队与导师制学生的面对面交流,进行答疑、成果监督,并将每位导师制学生的研究工作情况和考勤情况纳入团队评价和考核体系中。

2.3.2 学术型硕士研究生培养方案

1. 培养目标与指标

交通运输规划类学术型硕士研究生的知识、能力和素质应达到的标准以及各项能力对应的具体培养目标和指标如表 2-5 所示。

表 2-5　学术型硕士研究生能力要素与培养要求指标

能力要素	培养指标	核心素质
基础、专业知识理论与专业技能	1个主要研究方向	掌握扎实的交通运输规划的理论方法与技术及交叉学科的基本方法和技能
		熟悉交通运输工程领域的规范、规程、技术标准和相关行业的政策和法规
工程实践能力	精通1门应用软件	具有从事工程规划与设计所需的相关数学、自然科学、经济管理以及人文科学的知识
		具有综合运用所学的科学理论与方法和技术手段独立分析和解决工程问题的能力
组织与领导能力	负责1个项目	具有良好的组织管理能力、交流沟通、环境适应和团队合作能力
		具有应对危机与突发事件的基本能力和良好的领导意识
核心价值观与社会责任感		具有强烈的社会责任感，良好的工程职业伦理道德
国际视野与跨文化交流能力	1次高水平国际或国内学术会议	了解科技革命（包括大数据、互联网、信息技术）和先进生产方式及交通运输工程的前沿发展现状与趋势
		具有国际视野和多种文化环境下的交流、竞争与合作的基本能力
独立学术与科研能力	1篇SCI或核心期刊论文	具有独立从事科研工作的能力，掌握严谨的自然科学研究方法，具备丰富的人文科学素养
创新能力	1篇高水平硕士论文	具有开拓创新意识和产品开发与设计的能力，具备终身学习能力

2. 课程学习与理论基础要求

（1）课程学习

在入学后1~1.5学年内完成所有课程，并满足学校最低学分要求，其中应在入学后1学年内完成学位课程，满足学校最低学分要求。

选修非学位课程时应贯彻兼容并蓄、交叉融合的思想，选修1~2门相关交叉学科课程，如城市规划学、经济学、管理学、系统工程、数学等相关学科所开设的硕士课程。

（2）理论基础

要求硕士研究生坚持全程文献阅读，配合课程学习查阅经典专著和文献，注重学科方向前沿文献资料阅读。

阅读各方向经典及专著至少1本。依托学院及学校现有实验室资源，阅读学科前沿著作、技术导读本、经典教材、规范条例、政策文件等。

3. 实践环节训练要求

（1）软件操作与基本技能

依托软件学习小组、相关软件学习系列讲座和研讨会，结合建模课程学习、组内学习、团队培训分阶段推进，要求硕士研究生能够了解交通领域认可度较高的相关软件的基本操作与功能运用，掌握1~2种交通分析软件以及制图、统计、文档类基本软件。

（2）项目实践

要求硕士研究生参与相关横向项目，包括交通数据调查、方案设计与论证等各环节，逐步完成从参研、主研到项目协调的角色过渡。鼓励参与各类交通项目实践，掌握发现问题、分析问题、解决问题的基本技能与方法，认识不同项目类型特点，增强对交通运行的感性认识，以便深刻认识城市交通与区域运输现状与症结。同时鼓励研究生在项目实践中，能够提出新见解，或运用已有理论和科技成果解决工程技术的实际问题。

（3）课题研究

积极参与所属研究团队的纵向课题，包括课题申请、具体研究、结题汇报乃至成果总结与报奖整个过程，提升组织协调能力，形成分析问题的清晰思路,锻炼探索问题的能力。针对课题中的1～2个关键问题展开深入研究,进一步明晰研究方向,为硕士学位论文的撰写奠定理论基础。

(4) 学术论文

学术论文发表来源主要包括毕业设计论文成果凝练、项目实践创新性突破、纵向课题关键问题思考、硕士学位论文成果凝练。

(5) 科研模拟申报

要求硕士研究生结合自己研究方向、学位论文开题思考等,参加团队组织的科研模拟申报。

(6) 专著、教材修编和撰写

在研期间参与专著、教材或规范导读的修编、撰写工作。

(7) 教学与指导

协助团队指导本科 SRTP、本科毕业设计项目或参与科研工作。

(8) 讲座要求

结合横向项目实践、科研课题研究、论文撰写、国际学术会议交流等经历至少作一次讲座。

4. 学位论文要求

硕士学位论文必须对所研究的课题在基础理论、规划方法、技术模型、算法求解等某一方面有新见解,或用已有理论和最新科技成就解决工程技术的实际问题,具有一定的学术理论意义或实际应用价值。

2.3.3 专业型硕士研究生培养方案

1. 培养目标与指标

交通运输规划类专业型硕士研究生的知识、能力和素质应达到的标准以及各项能力对应的具体培养目标和指标如表 2-6 所示。与学术型硕士研究生相比,专业型硕士在工程实践能力和职业素养方面有更高的培养要求。以实际应用为导向,以职业综合素养和应用知识与能力的提高为核心,培养过程中采用三段式的模式,包括课程学习、专业实践和学位论文三个阶段,学位论文选题等方面也与学术型硕士研究生有一定差别。

表 2-6 专业型硕士研究生能力要素与培养要求指标

能力要素	培养指标	核心素质
基础、专业知识理论与专业技能	1个主要研究方向	掌握扎实的交通运输规划的理论方法与技术及掌握交叉学科的基本方法和技能
	掌握1门应用软件	熟悉交通运输工程领域的规范、规程、技术标准和相关行业的政策和法规
工程实践能力	1个主研项目	具有从事工程规划与设计所需的相关数学、自然科学、经济管理以及人文科学的知识
		具有综合运用所学的科学理论与方法和技术手段独立分析和解决工程问题的能力
组织与领导能力		具有良好的组织管理能力、交流沟通、环境适应和团队合作能力
		具有应对危机与突发事件的基本能力和良好的领导意识
核心价值观与社会责任感		具有强烈的社会责任感,良好的工程职业伦理道德
国际视野与跨文化交流能力	1次国际或国内学术会议	了解科技革命(包括大数据、互联网、信息技术)和先进生产方式及交通运输工程的前沿发展现状与趋势
		具有国际视野和多种文化环境下的交流、竞争与合作的基本能力
独立学术与科研能力	1篇EI或核心期刊学术论文	具有独立从事科研工作的能力,掌握严谨的自然科学研究方法,具备丰富的人文科学素养
创新能力	1篇高水平硕士学位论文	具有开拓创新意识和产品开发与设计的能力,具备终身学习能力

2. 课程学习与理论基础要求

（1）课程学习

① 在入学后1学年内完成所有学位课程，包括中国特色社会主义理论与实践研究、硕士学位外语、工程伦理、基础理论类课程和专业技术类必修课。

② 非学位课应根据学生知识结构和论文工作的需要在当年的开课目录中选择。学分最终应满足总学分要求。

③ 必修环节应包括专业实践、选听人文和科学素养系列讲座、参加学术活动及学术论文撰写训练。在学期间应在交通运输规划学科范围内参加学术活动至少2次，并撰写学术论文1篇，经导师认可后刊登在院系研究生学术报告会论文集或其他学术刊物上。

④ 基础理论类课程和专业技术类必修课须含企业工程师讲授课程或指导的实践教学环节累计不少于72学时；须含基于工程实际项目研究的项目课程、企业实践类课程(含企业生产实践或运营实习)等。

（2）理论基础

要求硕士研究生坚持全程中英文文献阅读，依托学校图书馆文献及数据资源，配合课程学习查阅经典专著，注重学科方向前沿文献资料阅读。利用团队资源，阅读研究团队著作、技术导读本、经典教材、规范条例、政策文件等。

3. 专业实践

专业实践是专业型研究生提高实践能力的重要环节，应贯穿于整个培养过程。专业实践的组织工作应贯彻和体现"集中实践与分段实践"相结合、"校内实践和现场实践"相结合、"专业实践与论文工作"相结合的原则。

交通运输规划类专业型硕士研究生参加专业实践活动，应记录专业实践工作笔记。专业实践结束后，经研究生秘书审核、上网确认后记相应学分。专业实践考核未通过，不得申请学位论文答辩。

4. 学位论文

学位论文课题来源于应用课题或现实问题，必须要有明确的职业背景和应用价值。论文形式由相关院(系、所)根据培养方案要求确定。学位论文应独立完成,要体现研究生综合运用科学理论、方法和技术解决实际问题的能力。学位论文的字数一般不能少于4万字。

2.3.4 博士研究生培养方案

1. 培养目标与指标

交通运输规划类博士研究生培养除了要求学生能够较好地掌握马克思主义的基本原理,坚持党的基本路线,热爱祖国,遵纪守法,品德良好,学风严谨,具有较强的事业心和为科学献身的精神,积极为社会主义现代化建设贡献出自己的力量,还应当在交通运输规划学科领域掌握坚实宽广的基础理论和系统深入的专门知识,具有独立从事科学研究的能力,在科学或专门技术上做出创造性的成果。

表 2-7 博士研究生能力要素与培养要求指标

能力要素	指标	核心素质
学术创新能力	创新 1 项核心成果	● 强烈的社会责任感,良好的工程安全、环境、职业健康等现代工程意识和伦理道德,勇于承担责任和风险;服务国家和人民的社会责任感 ● 多维知识结构,精通专业知识的同时具有宽广的多学科交叉的知识结构 ● 具有勇于探索的创新精神、强烈的开拓意识、主动从事科技创新的意识和开阔的视野 ● 具备抽象思维、形象思维和逻辑思维能力 ● 理论应用实践能力、专业运用能力、解决综合问题的能力
学术创新能力	撰写 1 篇高质量论文	
学术创新能力	出版 1 部学术专著	
组织领导能力	引领 1 个研究方向	
组织领导能力	带领 1 个研究团队	
组织领导能力	建设 1 个研究小组	
国际交流能力	参加 1 次国际会议	
国际交流能力	拥有 1 次留学经历	

2. 课程学习与理论基础要求

(1) 课程学习

博士生在入学后 1 学年内(直博生在 1.5 学年内)完成所有课程,并满足在校期间课程总学分最低要求和学位课程最低学分要求。

学位课包括中国马克思主义与当代、博士英语、专业学位课。选修非学位课程时应贯彻兼容并蓄、交叉融合的思想,至少跨一级学科选非学位课1门,鼓励选修1~2门相关交叉学科课程,如城市规划学、经济学、管理学、系统工程、数学等相关学科所开设的博士课程。

必修环节由人文和科学素养讲座和参加学术活动及学术会议组成。博士生在学期间应在本学科范围内积极参加学术研讨活动至少8次并至少作4次学术报告(其中至少1次使用外文);直博生在学期间应在本学科范围内积极参加学术研讨活动至少10次并至少作5次学术报告(其中至少1次使用外文);参加境外学术活动至少1次;应参加交通运输规划学科领域重要学术会议并宣读学术报告至少2次。

(2) 理论基础

要求博士研究生坚持全程文献阅读,配合课程学习查阅经典专著和文献,注重学科方向前沿文献资料阅读。利用学校、学院的实验室资源,阅读研究前沿的文献与著作、技术导读本、经典教材、规范条例、政策文件等。

3. 实践环节训练要求

(1) 软件操作与基本技能

要求博士生至少精通一门编程语言,如R语言、Python等,熟悉交通领域认可度较高的相关软件的基本操作与功能运用,精通2~3种交通分析软件。

(2) 项目实践

博士研究生需参与工作室相关横向项目研究,并逐步完成从主研到项目协调的角色过渡。结合不同类型的项目特点,掌握解决不同技术问题的技能,加强对实践项目的感性认知。要求至少协调2项横向课题。

(3) 课题研究

积极参与所属研究团队的纵向课题,包括课题申请、具体研究、结题汇报乃至成果总结与报奖整个过程,提升组织协调能力,形成分析问题的清晰思路,锻炼探索问题的能力。针对课题中的核心内容展开深入研究,为博士学位论文的撰写奠定理论基础。要求至少保证1次省级或以上级别纵向课题申请,负责1项纵向课题。

(4) 学术论文

博士研究生学术论文发表来源有硕士学位论文成果凝练、项目实践创新性突破、纵向课题关键问题思考、博士学位论文成果凝练。

博士一年级研究生要求发表1篇SCI收录论文,或1篇学校学术论文刊物参考目录中要求论文;博士二年级研究生发表1篇SCI收录论文,或2篇参考目录中要求论文。

(5) 专著撰写

要求博士研究生参与专著、教材或规范导读的修编、撰写工作,博士学位论文争取整理成专著形式,至少要求合著1部专著。

(6) 团队建设

要求博士研究生引领研究团队中的1个研究方向,负责建设1个研究小组。

(7) 学术交流

要求博士研究生主持开展研究团队学术讨论、博士后与博士研究生学术讨论、博士研究生间学术讨论等。要求博士研究生结合纵横向课题经历和学位论文进展进行汇报,至少要求开展内部汇报8次。

4. 学位论文要求

博士学位(毕业)论文是博士生在导师指导下独立完成的、系统完整的学术研究工作的总结,论文应体现出博士生在所在学科领域做出的创造性学术成果,应能反映出博士生已经掌握了坚实宽广的基础理论和系统深入的专门知识,并具备了独立从事科研工作的能力。

2.3.5 博士后研究人员培养方案

1. 培养目标与指标

交通运输规划类博士后研究人员应当争做创新突破的探索者,创业创新的践行者,瞄准国际前沿,在基础研究领域进行探索性创新研究,不断向未知领域进军,向科技和学术高峰攀登。聚焦经济社会发展需要,推动产学研用紧密结合,将创新成果加快转化为现实生产力。具体的培养要求指标如表 2-8 所示。

表 2-8 博士后培养要求指标

指标类别	考核标准
基金	申报博士后基金 1 项
	申报国家及省部级科研基金 1 项
学术成果	发表 SCI 论文 1 篇
	发表 EI 论文 1 篇
	独立或合作撰写并正式出版高水平学术专著 1 部
	取得与博士后在站期间研究工作相关的发明专利 1 项
国际交流	参加国际国内高水平学术会议 1 次
	参加国际学术科研合作与交流 1 次
实践	主持或参与工程应用项目 1 项
其他	举办团队文化活动 1 次/学期
	主持自主研学讲座 1 次/学期
	开展研究进展交流 1 次/季度

2. 课题申报要求

在博士后入站后,结合博士后研究方向、团队研究基础和研究力量,鼓励学科交叉、团队协作,组织博士后与相关研究团队形成以博士后为带头人的研究小组,在形成学科交叉创新点的基础上,进行博士后基金、国家及省部级科研基金等基金、课题的申报。

3. 学术研讨要求

(1) 国际交流

鼓励博士后研究人员参与国际学术科研合作与交流,包括出国参加学术会议,也可短期出国进行与博士后课题直接有关的合作研究。

(2) 团队交流

鼓励博士后研究人员参与团队内部组织的自主研学讲座,并要求每学期进行一次讲座,介绍博士后研究工作进展或其他研究成果;每季度开展博士后团队座谈活动,为博士后的研究进展交流提供便利,增进交叉学科的博士后之间的科研合作。

(3) 研究小组交流

结合团队内部的科研活动计划,博士后研究人员参与到研究小组中去开展专著撰写、论文撰写和课题研究。

4. 文化活动要求

鼓励博士后研究人员参与团队每月组织的文化活动,保证每个学期能够与团队其他成员进行面对面的交流。

第 3 章　交通运输规划类人才研学体系

3.1　教学理念与组织体系

3.1.1　教学理念

将思想政治教育贯穿到交通运输规划类人才培养全过程,全面贯彻党的教育方针,以习近平新时代中国特色社会主义思想为指引,落实到教育教学全过程,实现全员育人、全程育人、全方位育人[8]。实施精品思政课程建设工程,用好课堂教学主渠道,形成"思政课程"与"课程思政"协同育人效应[20]。把"立德树人"融入思想道德教育、文化知识教育、社会实践教育各环节,教育引导学生树立高远志向,历练敢于担当、不懈奋斗的精神,引导学生保持勇于奋斗的精神状态、乐观向上的人生态度,做到刚健有为、自强不息。在品德修养上,引导学生培育和践行社会主义核心价值观,成为有大爱大德大情怀的人,立志扎根人民、奉献国家。在文化知识上,教育学生求真理、悟道理、明事理。在社会实践上,培养学生的综合能力及创新思维。

3.1.2　教学目标

交通运输规划类专业培养方案的课程设置应体现"宽、专、交、实"相结合的原则,教学应坚持理论教学、实践教学、自主研学、网络助学相结合,推进产学研协同创新,形成课堂教学精炼、实践教学灵活、自主研学创新、资源共享融合的研究型教学模式[21]。着力于培养具有专业基础知识理论与专业技能、思辨与判断能力、工程实践能力、独立学术与科研能力、创新能力、组织与领导能力、国际视野与跨文化交流能力等综合能力,并具有工程师、规划师和建模师综合素养的交通运输规划类创新型、复合型、应用型人才。

3.1.3 教学组织体系设计

交通运输规划类研究生课程体系主要包含以下 4 个要素。见图 3-1。

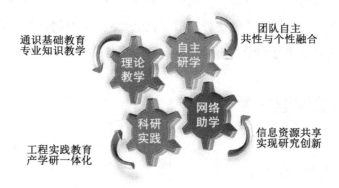

图 3-1　多元统一的教学模式

1. 理论教学

理论知识的学习是研究生各方面能力达成的基础,是实践教学的合理理论依据,也指引着其他教学方式的正确方向,其教学方式主要是老师课堂教学。理论教学的最终目的是服务于实际社会需求和活动。结合研究生培养目标与科研特征,有选择地增加并重点建设科学研究方法类课程、实践(实验)类课程和前沿专题讲座类课程。

2. 实践教学

交通运输规划学科研究生实践教学包括项目实践、课题研究、社会实践等多种形式。主要培养学生工程实践的能力、组织与领导能力和社会责任感,目标是让学生获得感性认识以及相关技术,养成理论联系实际的作风和独立工作的能力。

3. 自主研学

自主研学体系以活动为载体，与理论课程教学和实践教学同步、同频、循序协调推进。采用研究型教学模式，引入学科前沿内容，以提升学生求知兴趣、启发学生创新意识，提高创新能力和素质为目标。

4. 网络助学

当前全球教育发生着深刻变化，MOOC、TED、Coursera、EdX等在线网络课程平台已经产生了新的知识传播和互动的方式。在未来基于"确定性"的"代际"知识传授方式可能会被扁平化的日益互联互通的知识传播方式部分取代。将传统教学方式的优势和数字化、网络化学习的优势相结合，能够让学生通过网络课程的学习不断完善自主知识体系。

3.2 理论课程设置

3.2.1 理论课程体系

交通运输规划类人才培养要求在整体框架下统筹构建本-硕-博一体化课程体系，课程内涵逐层递进，实现本科阶段通识教育、硕士阶段研究能力培养、博士阶段独立创新能力培养的递进式培养路径。[22]

交通运输规划专业学科理论课程设置根据系统科学的基本原理和学科专业的逻辑要求，把通识教育平台、专业基础教育平台、专业教育平台和实验、科研平台有机结合，构建适合不同类型工程创新人才成长的课程模块，并给予学生多样化和开放性的选择机会，促进学生素质的全面发展和个性的张扬。

交通运输规划专业学科理论课程模块包括通识类课程、专业基础课程、专业必修课程、专业选修课程及跨专业课程等。通识及专业基础课程包括思政、语言、历史人文、哲学、社会科学、自然科学等方向的课程；专业必修课程的设置则兼顾基础知识与学术前沿，结合课程设计和实践能力培训，旨在提高学生的实际问题分析与解决能力；选修及跨专业课程体现了自由选择性，给予学生更多的自由去选择用于构建自身素质结构的课程，形成个性化的人才培养方案，以助于思维的开放、知识的交叉与融合，从而产生创新的生长点。交通运输规划专业理论知识体系详见表 3-1。

表 3-1 交通运输规划专业知识体系和知识领域

序号	知识体系	知识领域
1	通识类知识	外国语、计算机应用技术、自然辩证法、人文知识、工程伦理等
2	专业基础知识	工程数学（应用数学、矩阵论、概率论与数理统计、数值分析、优化理论与方法、运筹学等）、数据分析与建模、其他当代科学技术的新发展等
3	专业知识	交通运输工程学、道路设计原理与方法、交通工程理论、交通规划理论与方法、智能运输技术、运输系统组织与控制、物流系统优化、交通软件技术、交通运输行业法律法规等
4	跨专业知识	空间规划与设计原理、交通运输经济学、信息与控制基础、交通行为学等

交通运输规划专业学科理论课程设置，应以文化素质教育类、受众面广的公共课、特色鲜明的学科基础与专业核心课程为建设重点，通过"外联内合"，建设高水平在线开放课程，使线上线下教学有机结合，让学生拥有更多的选择。加强全英文专业和全英文授课课程建设，通过示范性英语授课课程建设，形成一批教学理念与国际接轨、符合中国教育实际、具有一定示范和借鉴意义的课程，使学生能够接触前沿科技并了解国内现状。

研究生理论课程的教学应坚持开展"启发、互动、探究式"的教学实践，设置多种教学形式以拓展研究生的知识体系广度和深度[23]。主要包括导师在理论教学与实践教学中的全方位答疑指导；定期邀请来自各高校、政府、企业的专业学者、工作者带来学教研讨课程以及由团队内部成员带来科创研讨课程；由校外实践基地导师开展校企合作课程；与社会培训机构联合开展软件培训课程。通过邀请相关领域专家进行教学讲座，结合教师导学与学生自我教育，拓宽学生的求知渠道，使学生在与名家大师的交流中发现自身知识、能力、素质的不足,并自主寻求弥补和提高的途径与方法。

3.2.2 课程思政类课程

"课程思政"以非思政类课程(特别是专业课)为载体,在遵循课程自身的运行规律的基础上,结合课程知识内容,挖掘提炼其中蕴含的德育元素,将其"基因式"地融入教学设计,贯穿到课程教学实施中去,从而凸显通识课程的价值引领功能,注重专业课程的价值渗透作用,在知识传授的同时实现立德树人的教育功能,将教书育人的使命落实于课堂教学的主渠道之中。

3.2.3 学科基础研讨课程

学科基础研讨课程是由城市规划、交通运输工程、系统工程等学科领域的教授或教授团队面向研究生开设的小班研讨形式的课程。其目的在于让学生在教授引导下初探学科前沿,激发学生的学习热情,让学生感受科学研究的乐趣,培养学生的质疑精神,建立团队合作关系;引导学生从学科导向型的学习方式转为建立以需求为引领、以问题为导向的知识构建学习系统和自主探究式的新型学习模式,为后续构建以学生为中心的、以教师为主导的、学习研究和实践创新相互渗透的研究型教学模式奠定良好的基础[24]。学科基础研讨课程建设方案如下:

1. 教学目标

让学生体验以探索和研究为基础、以师生互动为常态、以学生自主学习为中心的研究型教学的理念与模式;为学生创造在团队合作环境下进行探究式学习的机会;架设教授与学生间沟通互动的桥梁,缩短学生与教授之间的距离,实现名师与学生的对话;对学生进行自主学习习惯和研究探索意识的培养和训练,使之尽快适应研究生生涯的学习和研究环境,为后续进行更加艰深的自主研学打好基础,同时激发学生对相关学科的兴趣。

2. 教学内容

建立定期开展研学例会的制度,为学生提供拓展学术视野、丰富学术内涵的平台和机会。针对交通运输工程专业学科及学生特点,结合教师或教学团队多年的教学与科研经验,确定教学专题,鼓励多领域和多学科交叉;做到既依托经典内容,又追踪学科前沿;既能启发学生的问题意识,又有助于打开专业视野。

3. 教学团队

学科基础研讨课教学团队由多个高校相关专业学院的教授、副教授、博士生导师等组成。

4. 教学方式

在教师或教学团队的主持下,围绕师生共同感兴趣的专题,进行教师与学生之间、学生与学生之间的交流互动、表达及协作训练。以灵活、多样的方式鼓励学生参与其中,激发学生的兴趣和主动参与意识,以小组(如学术研究小组)的形式组织学生边学习、边讨论。根据需要,可以安排参观、调查、实验等实践活动。

5. 学分学时

学科基础研讨课为36学时,其中授课不超过18学时,自主研讨学时不少于18学时。

6. 考核方式

讲座和报告时鼓励学生及时与主讲嘉宾及团队成员进行询问交流,会后应及时提交心得体会,并定期集中研讨,共同成长。强调基于过程的考核,一般不采用书面考试方式,而由反映整个学习过程和学生自主学习情况的多种测评指标来综合决定最终成绩。

7. 基本要求

教师以实际问题(往往是跨学科的)而不是学科理论体系为线索,关注与现实情况的联系,精心设计2~3个研究专题模块。

在教学过程中,应围绕每个研究专题模块开展不少于2学时的研讨。从知识的掌握、学术视野、合作精神、批判思考、交流表达、写作技能等诸多方面对学生进行整体上的培养与训练,突出学习过程的研讨性。

根据研究专题的需要,每小组需要收集相关专题材料(文献、专著、教材等),讨论、交流研究主题,合作撰写相关报告;同时围绕相关专题至少完成一次专题报告,现场接受师生提问。

学生在学习过程中应注重资料的收集、阅读、讨论、交流、合作、写作以及批判性的思考,每个小组撰写的研究报告不少于1份、专题汇报不少于1次,学生独立撰写的报告不少于1份。

3.2.4 学科专业研讨课程

学科专业研讨型课程通常结合研究内容、类别及层次,分阶段地向学生传授学术或工程中某一专题方向的核心知识和最新发展,以基于问题、基于项目、基于案例、基于实践等为主要载体,是按照一定的研究主线进行设计的课程,旨在让学生熟悉科研的整个过程与方法,激发学生科学研究的兴趣与热情,综合运用所学专业理论方法与技术手段分析和解决实际问题,培养学生的创新性思维和系统性思维。

学科专业课程建设方案如下:

1. 教学目标

根据课程要求和学生掌握的专业知识,设计若干个系列研讨模块,围绕科学研究的一般过程和基本要求,指导学生进行调研、文献检索和资料查询,提出解决问题的思想、方法和技术路线等,训练学生掌握科学技术研究的基本方法,培养其较好的表达、交流与团队合作能力。

2. 教学内容

按照教学目标,围绕某一主题逐层递进地设计数个模块(如问题、项目、案例、设计、实践等),由具有丰富的科研或设计经验的教师或教学团队,引领学生进行探索研究。

3. 教学对象

面向全体博硕士研究生,每门课程的选课人数一般限定在20~30人。

4. 教学方式

在教师或教学团队的主持下,围绕设定的专题模块,开展相关教学与研讨活动。课前教师应预先布置研讨课题,让学生以小组(学术研究组)的形式进行调研、查阅资料,边学习、边讨论;课中师生共同对提交的方案(如课题研究报告、问题解决方案、工程设计方案等)进行点评;课后学生小组进一步优化方案、撰写报告。通过多轮研讨,使学生掌握处理课题中相关问题的观点、方法和手段,递进式地培养学生科学的思维方式和研究方法。

5. 学分学时

每门学科专业系列专题研讨课一般为36学时,授课学时不超过18学时,研讨学时不少于18学时。

6. 考核方式

强调基于过程的考核,一般不采用书面考试方式,而代之以灵活多样的综合考核方式,由反映整个学习过程和学生自主学习情况的多种测评指标来决定最终成绩。成绩作为实践环节学分获取的依据之一,并作为中期考核的参考依据。

7. 基本要求

(1) 结合交通运输工程研究生指导性培养方案中学位课或选修课程的设置要求,按照一定的研究主线,围绕着问题、项目、案例、设计、实践等制定不少于3个研究专题模块。

(2) 在教学过程中,教师应围绕每个专题模块的研究过程和基本要求,开展不少于6学时的研讨,指导学生进行文献检索和资料查询,提出解决问题的思想、方法和技术路线,设计研究方案的示例,帮助学生实施研究工作等。

(3) 学生根据研究专题与兴趣爱好,组建若干个相应的学习小组(原则上根据团队学术研究组分为不同小组),每个小组成员一般不超过6人。每个小组汇报研究进展不少于1次,教师对每个小组的报告进行点评并给出指导性意见,引导学生充分参与讨论交流。

(4) 学生在研学过程中应注重发现问题、提出解决问题的方法以及最终方案的实施效果。专题研究告一段落之前,小组中每位成员应汇报自己的研究内容,现场接受师生提问,根据所提意见进行反馈,进一步完善研究报告。

(5) 各小组至少应提交1份专题报告,小组成员独自撰写至少1份5000字以上的研究报告,研究报告应参照一般学术论文格式。

3.2.5 校企合作课程

为了向学生提供多途径参与科研、提升实践能力的通道和方式，加强学生研究、解决实际问题的能力及与行业、产业的紧密联系，应建立校企联合培养基地，并开设校企合作课程。依托学校所在地一定范围内的行业领先企业的领先优势以及学校学科的研究优势，以实际应用为导向，共同构建新型产学研合作模式。

校企联合制订人才培养方案，突出以能力为导向的教育理念、以学习结果为基础的教学过程、以学生为中心的教学质量观。同时校企共同优化研究生培养的课程设置，建设课程体系和教学内容，与行业领先企业联合推动基于问题、基于项目、基于案例、基于实践等多种形式的教学，提高学生的工程实践能力、工程设计能力与工程创新能力。积极推进与合作企业（如规划院等）共同建设课程、共同进行教学、共同改进课程教学方法、共同评价课程教学质量，以工程技术为主线，培养和提高学生的工程意识和工程素质，同时探索校企合作"双赢"模式，使校企合作能够可持续发展。

校企联合教学一般实行双导师团队制。校内导师团队由来自交通规划、交通法、城市规划、交通地理信息、智能交通等多学科的专家共同组成，企业导师团队由各企事业单位里具有高级职称的骨干技术人员组成，相关人员应具有5年以上的相关工程经验，确保可进行更有针对性的指导。

企业培养主要包括企业讲座及授课、项目实训、企业实习及毕业论文等环节。综合采用定期或不定期形式，邀请相关领域专家进入学校开展授课和讲座，提高学生对工程实践最新技术的认识和创新意识的培养；针对专业课程要求，由工程硕士研究生指导团队设计工程课题并指导学生完成，锻炼学生运用基础知识解决实际问题的综合能力；结合企业实习和毕业论文，培养学生对综合知识的运用能力以及团队协作交流能力。

结合交通运输规划研究的重点领域，可建立综合交通运输体系发展规划、停车系统规划、中小城镇交通综合治理规划与管理技术、城市交通建模与分析技术、大数据技术在交通运输行业的应用、综合客运枢纽交通组织及规划设计、城市道路交通精细化设计、城市交通规划案例分析、城市交通工程案例分析等课程,为学生个性化选择课程提供保障。

3.3 实践课程设置

3.3.1 实践课程体系

交通运输规划类人才除了要具有扎实的专业技术知识外,还必须拥有良好的团队协作精神、系统分析及实际动手能力以适应现代化工程团队合作、新产品及新系统的开发需求。

校内实践训练体系依托学生认识、模仿、综合、创新的认知过程,形成了包括工程认识、工程分部设计、工程单体设计、工程综合设计、工程基础研究的本硕博实践训练环节,以分段、进阶培养学生的实践研究能力。[25]

研究生工程实践基地建设是校外实践训练体系建设的重点。通过联合行业领先企业,高校能够建立稳定的研究生培养实践基地,建立健全实践基地管理体系和运行机制。研究生工程实践基地是企业与高校产学研合作的重要平台,是加快区域创新体系建设、实施创新驱动战略的重要举措,是提升企业自主创新能力的重要载体,是承担研究生培养单位主动服务地方经济社会发展的重要渠道,是培养高层次创新人才、提高研究生培养质量的重要途径。

研究生工程实践基地必须按照管理办法的要求,明确任务,落实责任,加强建设,规范管理,完善机制。高校和科研院所要发挥主动性,注重工作创新,深化内涵建设,不断完善"双导师制",积极探索建立"导师进企业咨询和指导研究生制度"。[26]企业则应当积极为研究生团队提供研究设施和实践指导等条件,营造自由、宽松的学术环境,促进优秀高层次创新人才成长;同时企业应发挥主体作用,充分利用进站团队的科研优势攻克技术难题,优化企业文化,提升企业的转型升级能力。研究生通过在工程实践基地的学习实践,可以充分感受领先企业文化,学习企业先进技术、组织管理方式,提高自身工程实践能力、创新能力及组织与领导能力。

在硕士研究生阶段,以实践创新竞赛、工程项目实践为主要形式,培养学术研究生从事科学研究工作或独立担负专门技术工作的能力,实现科教研结合;结合工程伦理与职业素养培训、工程技术类项目实践、科学研究类课题实践等形式,培养专业学位研究生创造性地从事实际工作的专业能力和职业素养,实现产学研结合。在博士研究生阶段,根据"提高综合素质,强化创新能力,拓展国际视野"的原则,培养博士研究生的独立从事科学研究的能力、综合创新能力、知识交叉应用能力和团队协作能力。

3.3.2 工程伦理与职业素养培训

工程伦理教育是人文教育和科技教育相交叉、融合的环节。开展工程伦理培训一方面是提高学生道德素质的需要,另一方面也是我国社会可持续发展的需要。在当今社会工程伦理教育对于约束工程师的某些行为活动至关重要,可以在一定程度上防范产生不良的工程后果。学生在工程伦理培训中,可以掌握对现代工程活动进行社会评价和道德评价的基本规则。

工程伦理是调整工程与技术、工程与社会之间关系的道德规范,对工程师的伦理行为和工程建设起着引导、规范、开拓等重要作用。任何一项工程都是有组织的、社会化的综合性生产活动,从工程活动的组织实施到最终的社会综合效益等方面都体现着道德价值。与人类生活密切相关的各类工程活动,必将受到伦理道德价值的评判和监控,这是时代发展和社会文明提出的必然要求。

工程师的角色特点决定了责任伦理应当优先。一是守法奉献,尊重自然;二是敬业守分,创新精进;三是真诚服务,互信互利;四是分工合作,承先启后。工程师作为工程活动的设计者、管理者、实施者和监督者,掌握了大量的专业技术知识,直接主宰着各种工程活动。他们可以清楚地预见工程活动是否会侵犯公众利益,工程活动对人、对生态环境可能具有怎样的影响,也就是说,工程师比其他人更能准确而全面地预见科学技术应用的前景。他们有责任去思考、预测、评估科学技术和各类工程可能带来的社会后果,他们肩负着面向未来的、预防性、前瞻性或关护性的新责任。因此工程师在进行工程活动时,一方面,要正确认识和处理工程活动中人与人、人与社会的关系。另一方面,工程师要从道德的角度来审视工程与自然的关系,以技术手段与所处的自然和社会环境和谐对话,并切实担负起工程活动中的生态责任。

现代工程本身的技术复杂性和社会联系性对工程师提出了更高的要求,工程师除具备专业技术能力外,他们的肩上还背负着多种价值诉求,如必须具备在利益冲突、道义与功利矛盾中做出伦理价值判断的能力。[27]一个有责任感的工程师应该从伦理的视角理解工程对人类社会、对自然界的影响;应该知道本专业的伦理准则以及适用于本专业的法律和安全标准;应该了解一些重大的工程实践案例,包括正面的和反面的案例。

交通运输规划类团队宜采用渗透式工程伦理教育,将工程伦理原则与规范渗透在各类工程实践教学中,让学生通过参与工程实践来了解工程伦理意识与情感,养成工程伦理行为。面向工程实际,引入真实案例或模拟案例,师生们可以探讨、研究伦理问题;同时,有必要在学生的实验、实习或毕业设计及论文中强调工程伦理意识和规范原则,增强学生们的工程伦理意识,提高学生面对复杂因素进行具体分析、综合,从而作出正确价值判断和选择的能力。

3.3.3 工程技术类项目实践

交通运输规划类团队应根据硕士生、博士生培养要求差异化地开展项目技术培训等研学活动,及时、深入地反映团队成员的诉求。按照项目实践的流程,团队提供全过程的技术理论培训体系,主要包括市场策划和技术营销,招投标及商务培训,工作大纲撰写、合同编制;启动报告、中期报告、成果报告;成果验收与报奖,成果物化,包括论文、专利撰写等理论技术培训。集聚团队优质项目资源,对学生进行高效率的学习培训。

为保证工程技术类项目的有序推进,进一步提高研究质量和内涵,团队需重视和完善工程技术类项目管理的规范性和制度性建设,规范项目前期工作管理、研究过程管理、成果总结及报奖管理、监督和考评机制等各个环节的工作要求。

3.3.4 科学研究类课题实践

交通运输规划类团队对于科学研究能力的培训应贯穿在科研课题实践的每个环节,包含科研申报培训、科研课题立项报告撰写、启动报告、工作大纲撰写、中期成果汇报、成果报告、报奖文件撰写培训(科技成果鉴定申请书、专利申请书、科技小论文撰写等)和成果产业化培训等方面。[28]

1. 科研课题申请

团队定期组织科研模拟计划申请活动,主要是为了锻炼与提升课题组成员的科研课题申报书撰写能力,为高水平的国家及省部级基金申请储备课题,并同步开展科研课题申报书撰写培训。

定期组织竞赛和科研课题申报书修改与完善工作,并结合各类申请项目的特点,安排年度申报计划,明确申报重点与方向。

及时关注国家、部省交通科技项目及国家(省)自然科学社会科学网站上的项目信息,参与科学研究类课题申报、结题等工作,对接国外科学研究类研究团队并联合申报相应课题,高效完成科研课题申报工作。

2. 科研课题过程管理

每月公布科研课题计划,严格把控课题开展时间节点,定期检查研究报告、论文发表等成果,进行相应考核,督促课题研究进展。

3. 专利申请培训

每年组织团队专利申请培训,包括介绍专利的基本知识、专利文献的检索与利用、专利申请书的撰写以及专利申请流程。定期组织研究团队搜集各自团队有转化为专利成果可能的学术创新点,督促专利申请进展。

3.3.5 科研课题模拟申报培训

科研模拟申报活动的实施是团队为促进创新性团队发展的重要举措之一。在交通运输规划类团队,每年通过组织课题申报模拟大赛,重点加强自然科学基金项目与国际合作项目的申报,严格管理并督促课题研究过程,以

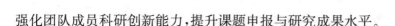

强化团队成员科研创新能力,提升课题申报与研究成果水平。

通过科研课题申报活动继承和发扬团队既有研究成果,凝练学术团队和研究方向;鼓励跨学科、跨专业、国际合作;探索新的研究问题和新的研究方法,提高自主创新的能力和水平,支持团队在确定的前沿技术方向上进行探索和发现;为高水平的国家及省部级基金申请储备课题;培训团队成员的科研课题撰写水平。

科研模拟申报活动的具体流程为:①形成申报意向。②申报书撰写。各组成员确定合适的研究方向和项目类别,确定申报的研究课题名称,按相关格式进行申报书的撰写。③申报书评阅。申报书撰写完毕后,在规定期限提交至组织者处,由评审委员会进行初审,确定答辩资格并予以公布。④申报书答辩。由各课题申报负责人进行汇报和答辩,接受团队全体成员评议。评审委员会打分并评定最终结果。⑤制定年度课题申报计划。科研模拟申报活动结束后,评审委员会根据活动最终结果,协助制定团队年度课题的申报计划。

3.4 自主研学模块设置

3.4.1 自主研学课程体系

为弥补和完善学校课程设置在个性化培养与体验式教学实践方面存在的局限性,建立面向实际、面向全员、贯穿全程、多元引导、自主选择、规范实施、稳定运行的研究生自主研学体系。以自主研学活动为载体,与理论课程教学、实践教学同步、同频、循序协调推进,采用研究型教学模式,引入学科前沿内容,以提升学生求知兴趣,启发其创新意识,提高创新能力和素质。[29]

在课内,全面实施研究型教学,使启发式、研讨式、互动式教学成为课堂教学的新模式、新常态。使教师导学与学生自学相结合,确立学生学习的主体地位,确保学生是学习活动的主体,让学习的过程成为师生共同建构知识的过程。教学过程中教师主体活动和学生主体活动动态转换,使得学生的学习活动自主性逐渐增强，教师的授教活动制约性逐渐减小，最后转化为学生完全的自主学习。开展研讨课程，形成一批以基于问题、项目、案例、实践等为主要载体，以研学引导为主要特征的研讨型课程。重点建设"学科导引式、前沿专题式、实践探索式、学科交叉式"等研讨课程，完善研究生案例库和网络助学课程建设，实现线上课程和线下教学相结合、理论知识和工程案例相结合的多元化教学方式。

鼓励研究生通过自主立项科研训练、自主参加各类竞赛、自主参加教师科研、自主研修前沿讲座、自主提交研学作品、自主发表论文申请专利等方式参与科研训练。借助科技成果展示、论坛与学术报告、国际学术会议、网络展示等自主研学交流展示平台进行学术交流互动，提升独立学术与科研能力、创新能力、国际视野与跨文化交流能力。

交通运输规划类研究团队应定时组织研讨交流，由学生进行自我管理，形成学生自主实践的良性机制。自主研学课程以活动为载体，以学生自主、教师引导和指导为辅助，以学术研讨课程等形式增强学生自主研学、自主创新、自主发展的动力。团队研学课程还可包括导读规范类学习、书籍阅读心得分享、学术学位论文写作、专著编写、本科毕设与 SRTP 指导培训等，充分满足学生对于课程的多样化需求，给学生更广阔的创造环境，实现成员的自我研学与发展。

3.4.2 技术导读研学

为帮助交通运输规划类团队全体人员拥有扎实的专业基础并具有一定的实践能力、组织能力与领导能力，开展行业读本与自主汇编读本的研学活动，使学生熟悉行业规范，了解行业发展政策，培养务实的作风。在读本编写过程中，既要注重团队历史研究的传承，也要面向社会发展需求进行及时更新与拓展。可以将交通运输规划类读本大致分为交通规划与设计类读本、交通管理与安全类读本、交通政策与法规类读本等行业规范读本类型。

1. 交通规划设计类读本

交通规划设计类读本包括城市交通规划、城市交通设计、公共交通规划与设计、交通运输枢纽规划设计、港口航道运输规划设计等内容。

其中,城市交通规划读本包含两个部分的内容。第一部分为城市规划方面的内容,涵盖中华人民共和国城乡规划法、城市规划编制办法、江苏省城乡规划条例等法律法规及历史文化名城保护规划规范、江苏省城市规划管理技术规定、江苏省控制性详细规划编制导则、江苏省历史文化街区保护规划编制导则等标准规范;第二部分为城市交通规划方面的内容,涵盖城市综合交通体系规划编制办法、关于城市停车设施规划建设及管理的指导意见等政策文件及城市综合交通体系规划编制导则、城市对外交通规划规范、城市轨道沿线地区规划设计导则、城市步行和自行车交通系统规划设计导则等标准规范。

城市交通设计承接交通规划与交通管理,是实现交通设施最佳建设的重要一环,对城市交通系统的建设和改善具有重要意义。城市交通设计读本包含城市交通设计方面现行的主要技术标准和规范,包括道路工程设计、交通设施设计、快速路设计、建设项目交通影响评价、交叉口设计、交通标志标线设置、停车设施设置、行人过街设施设计等内容。

公共交通规划与设计读本主要包含两部分内容。第一部分是法律法规与政策,包含国家、各部委及江苏省发布的关于公共交通的重要条例、管理办法及政策文件等;第二部分是技术标准与规范,包含我国公共交通规划、设计、运营、管理等方面现行的主要技术标准和规范,包括轨道交通、公共汽电车两个方面。读本更多内容汇编在附录里,涉及范围较广,可供学生根据自己的研究方向或具体问题展开针对性的阅读。

客运交通枢纽是城市交通系统的重要节点,是多种交通方式的交汇处和客流转换的衔接处,是实现客运零距离换乘、无缝化衔接的核心,也是构建综合交通运输体系的关键。交通运输枢纽规划设计读本包含两个主要的部分,第一部分为交通枢纽的规划与设计,覆盖铁路车站及枢纽设计规范、铁路旅客车站建筑设计规范、高速铁路设计规范(试行)、江苏省铁路综合客运枢纽规划编制要点、公路运输枢纽总体规划编制办法等标准规范;第二部分为交通枢纽交通语言系统设计,包括公共信息导向系统导向要素的设计原则与要求、综合客运枢纽智能化系统技术要求等标准规范。

港口航道运输既是交通运输系统的重要组成部分,也是世界商品货物流通的主要手段,在人类社会的各个发展阶段都发挥了至关重要的作用。港口航道规划设计读本主要包含两部分内容。第一部分是法律法规与政策,包括国家、各部委及江苏省发布的关于港口航道运输的重要条例、管理办法及政策文件等;第二部分是技术标准与规范,包括我国港口航道运输规划、设计、建设、管理等方面现行的主要技术标准和规范。

2. 交通管理与安全类读本

交通管理在缓解城市道路交通拥堵中扮演着越来越重要的角色。社会经济发展水平不断提高,城市空间拓展,机动车拥有量迅速增加,这些发展趋势对城市交通管理提出了更高的要求。交通安全是以人为本的本质要求,是服务民生的最大前提,也是实现交通运输科学发展的基础条件。交通管理与安全读本包含两个部分内容,第一部分为法律法规与政策,涵盖中华人民共和国道路交通安全法和中华人民共和国道路交通安全法实施条例;第二部分为技术标准与规范,涵盖道路交通事故处理程序规定、城市道路交通管理规划编制规范、公路项目安全性评价指南、公路交通安全设施设计规范等标准规范。

3. 交通政策与法规类读本

交通政策与法规是从社会层面对交通活动实践经验的总结,是协调人、车、路及环境等要素相互间关系的准则,是指导交通生产活动的纲要,也是国家各级交通管理部门执法管理交通的依据,涉及交通规划、交通安全、公共交通、步行与自行车交通等各个方面。交通政策与法规读本包含交通规划相关法规、交通安全相关法规、公共交通相关法规、步行与自行车交通相关法规、停车管理与建设相关法规以及其他相关法规等内容。每一部分法规均按照行政法规、国务院规范性文件、部门规章、地方性法规、地方政府规章的顺序呈现。

团队每年应对各个读本进行相关法律条例与规范标准的更新,以构建涵盖多个专业方向且持续动态更新的导读规范类资源库,并组织成员进行专题学习与研讨活动,以支撑后续的工程实践类和科学研究类项目实践。

3.4.3 文献研读

1. 文献查阅:如何搜索文献

按文献的编辑方法和出版特点可以将文献划分为图书、期刊、报纸以及介于图书与期刊之间的特种文献,主要包括科技报告、政府出版物、会议文献、学位论文、专利文献、技术标准等。将传统文献数字化成数据库以后,则成为不同类型的数据库。常用的数据库有电子图书数据库、数字化期刊数据库、报刊数据库、会议论文数据库、学位论文数据库、专利数据库、标准数据库、产品数据库、科技报告数据库等。高校图书馆引进的主要数据库类型一般有:外文文摘型、外文全文型、中文文摘型、中文全文型和 E-Book & EDT。[30]

(1) 外文文摘型数据库

比较典型的外文文摘型数据库包括:Web of knowledge——具备引文检索机制和结果分析功能;EI village 2——收录数据分为 compendex(标引文摘)和 pageone(题录);CSA——剑桥科学文摘,其中 Engineering Research Database 包含交通相关资料;以及 PQDD-B——欧美 1 000 所大学的硕博士论文的文摘,部分可看到前 24 页原文。

(2) 外文全文型数据库

外文全文型数据库有来自专业出版机构的 Elsevier(荷兰)、EBSCO(美国,其中的 ASP 系统)、SpringerLink - Kluwer(德国+荷兰)、Wiley + Blackwell(美国+英国)和 ProQuest 学位论文全文数据库等。此外,还有学、协会专业期刊数据库,比如 IEEE/IEE(美国电器电子工程师学会/英国电器工程师学会)、ASCE(美国土木工程师协会)、ASME(美国机械工程师学会)和 SIAM(工业与应用数学协会),以及世界著名期刊数据库,如 Nature 和 Science online。

(3) 中文文摘型数据库

典型的中文文摘型数据库是中国科学引文数据库(CSCD),位于中国科学文献数据库服务系统下。

(4) 中文全文型数据库

中文全文型数据库包括文献检索入门者常用的 CNKI(中国期刊网)、VIP(维普)和万方数据库。

(5) E-Book & EDT 数据库

E-Book & EDT 数据库是比较特殊的一类数据库,分别收录电子图书和电子学位论文。比较知名的 E-Book & EDT 数据库有 Safari Technical Books Online、金图国际外文原版图书、"超星"电子图书、Apapi 电子书、Proquest 博硕士论文全文数据库和"万方"学位论文全文数据库。

领域内核心文献的查找可借助引文分析工具——HistCite,绘制某个研究领域的发展脉络,锁定某个研究方向的重要文献和学术专家,搜索到某些具有开创性成果的无指定关键词的论文。在 HistCite 中两个关键指标值为 GCS(global citation score)和 LCS(local citation score)。其中,GCS 指某一文献在 WOS 数据库中的总被引用次数,LCS 指某一文献在本地数据集中的被引用次数,如果某篇文献的 LCS 值较高,可判断它是研究领域内的重要文献。

2. 文献研读

文献研读可加深研究生对专业学科全貌的认识,掌握专业规范的研究方法,创造研究生自主学习、相互学习和研究性学习的氛围,掌握专业学术研究主流及研究脉络,及时了解最新的学术研究成果及需进一步深入研究的问题,为研究生科技创新能力的提升奠定基础,对于帮助研究生构建合理知识能力体系及养成良好的学术规范性具有重要意义。

推荐交通运输规划类学生精读的文献包括美国道路通行能力手册 *Highway Capacity Manual*（HCM2010）、《城市交通规划：有关决策的方法》(Meyer, M. D., Miller, E. J.)、EMME、Aimsun 工具手册、*The Geography of Transport Systems*（交通运输地理学）、《交通冲突技术》(Hyden, C. 著;张苏译)、《高速公路运营管理》《城市公共交通运营、规划与经济》、*Introduction to Modern Traffic Flow Theory and Control*、*Statistical and Econometric Methods for Transportation Data*、《城市规划

原理(第四版)》《运筹学》等。

文献研读主要分四个步骤展开:学生自主研读、形成研读报告、师生共同研讨及优秀研读资料的整理。把学习、研究的主动权交给学生,提高学生的学术兴趣和学术素质,使学生不仅认真对待每一次课堂教学,而且自觉地通过课后的工作来扩大知识面、提升研究水平,充分调动每一位学生的积极性。

(1) 自主研读

教师与研究生共同就研究方向与研究课题进行研讨和解析,教师指导研究生从文献库中选择适当的文献,并指导其进行研读,引领研究生迅速进入学术研究主流圈层。自主研读过程应按照3个层次展开。

第1个层次是提取要素。即围绕待解决的问题、解决问题的方式方法及取得的结论几个要素快速阅读,深入研读体现新问题、新方法、新发现的文献。研读中要求学生结合已有的专业基础知识,针对要素分别加以评鉴,明确教材或其他较早出版刊物中已有的、新兴与前沿的、值得学习和借鉴的以及可以改进和提高的内容分别是哪些。通过研读,从提取的要素中找寻研究的切入点和创新点。通过从文献中提取要素并重新组合,帮助学生开阔思路。

第2个层次是梳理逻辑。在提取文献要素之后要求学生理清文献的分析框架、逻辑思路和技术路线,明确作者是如何"提出问题——分析问题——解决问题"的。

第3个层次是学习写作技巧。科技论文写作能力是学术型研究生必备的一项技能。学术论文要求写作语言简洁、准确、规范、严谨,因此研究生需要不断强化文字功底与表达能力。该层次重点是要学生熟悉本学科著名期刊的学术论文写作要求、专业词汇、语言表达习惯及论文结构安排。同时,通过对英文文献的研读,学习英文科技论文的写作格式和技巧。

(2) 研读报告

研究生对文献研读成果进行阶段性总结,提升对阅读文献的理解程度,加深自己对作者的学术观点、研究方法、写作技巧的认识。

文献研读后,研究生详细了解了所读文献的内容,并对关键问题进行了扩展,此时可以要求研究生结合多媒体课件等形式向全体研究生和导师组成员讲解文献研读收获。报告内容为文献的主要内容和学习心得,包括论文选题的意义和研究现状、研究方法、资料的分析方法、研究结果与结论、文献的创新之处、存在的问题与不足及今后可能的研究切入点和创新空间等,达成文献研读目标。

(3) 交流研讨

文献阅读报告后,其他学生与文献研读成果汇报人就报告内容进行交流,共同研讨文献的研究意义、研究方法、研究内容及可借鉴的地方,获取研究领域内外研究新进展,拓宽知识广度。讨论内容主要包括汇报人解答老师和同学的疑问,讨论与此文献相关的研究资料等。该环节可以有效地检验研究生的文献阅读成果、演讲能力及临场应变水平,充分调动同学讨论的积极性。研究生在课堂上通过倾听其他人的阅读汇报、参与研讨和领会导师的点评与总结,在吸纳他人意见的同时修正自我观点,提高自身学术研究水平,这也有助于培养研究生良好的学术品质和严谨、规范的学术作风,促进学生养成良好的学风。

(4) 资料整理

文献研读研讨后,形成研讨纪要,整理文献创新点、可借鉴的模型、方法、思想以及可进一步研究方向等内容,为后续科研奠定基础。筛选出优秀文献,分研究领域整理形成文献资料库,建立索引目录,方便学生查阅学习。

3. 论文撰写

团队应定期组织面向研究生新生的科技论文写作培训,包括学术报告、学位论文和学术论文写作培训。向学生介绍论文选题与创新、构思与撰文、规范与要求、选刊与投稿、修回与退稿等方面的内容,引导学生培养科研思考习惯,锻炼学术写作与表达能力。关于小论文的撰写培训,可按照以下四个步骤展开:

(1) 论文分类

撰写论文前应首先明确论文的分类。交通运输工程类小论文主要分为五类:模型类论文提出模型与算法,数据类论文分析数据找寻规律,案例型论文基于案例阐述规划方法,策略型论文阐述政策策略总结经验,综述类论文对研究进展进行评述。

（2）论文选题

交通运输工程类论文选题可来源于工程技术类项目的特色、科学研究类课题的创新点、硕士或博士学位论文的某一部分等。基于初步想法进行文献检索，粗读大量科研论文，精读少量具体观点与方法，总结现有研究存在的问题，以此为突破点和创新点，在已有研究成果上开展补充研究。

（3）论文框架

小论文一般由题目、摘要、关键词、引言、文章主体部分及结论等组成。题目是中心论点，确定前可查看类似主题的题目作为参考。关键词需按照投稿期刊要求确定，摘要一般包含研究目的、方法、成果及研究价值等部分，可从近期发表的文章以及投稿须知中获取期刊写作要求。

引言通常包含三个部分：研究背景、国内外研究现状以及文章框架安排。研究背景的组织可考虑以问题（原因）或目标为导向，尽量做到大视角把握问题，小视角切入问题；国内外研究现状可分项罗列研究特色，并总述既有研究成果；文章框架首先对研究现状的总体情况和不足进行分析，响应后文创新点，阐述文章研究思路及研究意义，响应后文内容体系，明确研究价值。

不同类型的文章的主体部分在撰写时应各有侧重点。模型类文章建议要有严密的分析、建模、求解、实证过程；案例类与策略类文章重视提出问题、分析问题和解决问题的思维逻辑；实验数据型文章应首先明确数据的可获得性，数据分析是否可以达到预期成果，分析数据是否具有典型性，是否可以解决系列问题；论述类文章主体包含主题、问题、影响、原因、思路、对策等方面。以规划模型类文章为例，文章的主体分为四部分：模型构建思路，包括问题描述、模型基本假设、关键决策变量解释；具体模型解释，主要是目标函数如何构建及约束条件的选择；模型求解算法，算法应与所构建模型相适应；算例分析，主要是调整参数设置并分析结果。

（4）论文投稿

交通运输规划类小论文投稿可选择的优质刊物包括：《中国公路学报》

《城市规划学刊》《城市规划》《现代城市研究》《规划师》《城市交通》《东南大学学报》《交通运输工程学报》《系统工程理论与实践》《土木工程学报》《系统工程学报》、Transportation research part A-F、Transportation Science、Operation Research 等。论文写作应提前决定投稿期刊,明确期刊要求与侧重方向,更有针对性地完成小论文撰写。

3.4.4 社会化培训

为强化交通运输规划类团队在数据分析、数学建模、程序设计、交通建模等方面的能力,团队应差异化、个性化地对成员进行培训。数据分析与建模及程序设计培训内容主要涵盖三个方面:①数据分析与建模;②程序设计;③交通建模及 GIS 软件应用。

1. 数据分析与建模能力发展方案

(1) 发展目标

让学生熟练掌握统计分析、运筹学(最优化理论与方法)等基本方法,熟悉 STATA、SPSS、EXCEL 等工具的使用,并能运用于横向工程项目和科学研究类项目实践、论文撰写等。了解机器学习、深度学习等基本原理,熟悉多种建模、求解算法的优缺点及适用性,能够针对具体问题进行模型与算法的比选,并运用 Python、Matlab、R 等编程工具调用函数库进行数据分析与建模。

(2) 发展路径

研学阶段:采用课程教学与自主学习相结合的形式进行基础理论学习,通过讲座、团队交流等环节和经历开阔视野、交换思想,寻求团队合作途径(竞赛、论文、科研项目等)。

实践阶段:将数据分析及建模方法运用于横向工程项目和科学研究类项目实践;参加相关数据分析竞赛;结合模拟申报活动进行课题申报。

成果转化阶段:将科研成果、竞赛成果升华与凝练为小论文、专利等;运用数据分析方法支撑学位论文写作;以学位论文、课题研究等科研成果为基础进行专著编写。

(3) 发展方案

① 课程教学

结合交通运输规划专业课程安排及互联网线上课程，搜集、汇总相关课程内容如表 3-2、表 3-3 所示。

表 3-2 数据分析与建模相关课程推荐

课程名称	一级学科
交通安全	交通运输工程
交通分析 I	交通运输工程
数据分析与建模	交通运输工程
交通数据挖掘技术	交通运输工程
最优化原理与方法	控制科学与工程
最优化原理与方法	数学

表 3-3 机器学习与深度学习相关在线课程(视频资料)推荐

课程名称	主讲教师	机构
Machine Learning	Andrew Ng(吴恩达)	斯坦福大学、Coursera
Deep Learning	Andrew Ng(吴恩达)	斯坦福大学、Coursera
数据分析与机器学习	唐宇迪	——

② 教材与专著

表 3-4 数据分析与建模相关教材及专著推荐

名称	作者	出版社
《机器学习》	周志华	清华大学出版社
《深度学习(Deep Learning: Adaptive Computation and Machine Learning Series)》	Iran Goodfellow, Yoshua Bengio, Aaron Courville	人民邮电出版社
《Statistical and Econometric Methods for Transportation Data Analysis》	Simon P. Washington, Matthew G. Karlaftis, Fred L. Mannering	CRC Press
《机器学习实战(Machine Learning in Action)》	Peter Harrington	人民邮电出版社
《统计学习方法》	李航	清华大学出版社
《运筹学》	周晶	机械工业出版社

③ 研学方案

交通运输规划类研究生在本科阶段必修"交通安全""交通分析 I"课程。学术型硕士研究生阶段必修"数据分析与建模"课程,博士、专业型硕士研究生建议旁听该课程并完成相应课程任务,熟悉统计分析、离散选择模型、运筹学等的基本方法。研究生阶段可选修或旁听"最优化原理与方法"中的一门课程。

团队内开展机器学习、深度学习自主研学活动,初期面向团队各年级有学习意向的成员,后期主要面向团队新生。活动周期为一学年。可自主选择研学形式,推荐以下两种:以个人为单位,自主选择学习资源,安排时间进行相应内容的学习,每月需提交学习进度及实践成果;以小组为单位,组内统一学习资源与学习进度,安排在线与线下交流讨论,每月需提交学习进度及实践成果。

邀请团队内部成员、校内外专家学者开展相关讲座,讲座内容可含论文交流讨论、小论文成果分享、数据分析方法总结、数据分析及建模类论文写作技巧、大数据方法在科研实践中的应用等。

邀请其他团队来访,或组织访问其他团队,可涵盖校内外交通规划、城市规划、数学、计算机、经管等学科团队以及其他科研院所。团队交流前预先开展相关主题类研讨活动,对汇报材料、研讨主题进行充分学习和准备。

④ 实践方案

分组参与竞赛:对于有意向通过参与竞赛来实践学习成果的成员进行分组(2～4 人),原则上平均分配各年级成员,并综合考虑科研、项目实践经验等。各小组自主选择题目参赛,组织组内研讨、培训等,小组成员每学年进行一次更替。

竞赛信息发布机制:由团队内部成员根据参考网站目录查询相关竞赛信息(数学建模、数据分析竞赛等),每 2 周发布一次公告,每学期进行一次人员更替。

项目实践:根据团队现阶段工程实践类和科学研究类项目开展情况,参与数据预处理、分析、建模等工作,定期在组内汇报研究成果,组织交流讨论。

项目申请:结合科研模拟申报活动开展项目申请,组内讨论并提出 1～

2个研究课题,以2~3人为一组进行申报书的撰写。

学位论文:依托研究课题、数据资源,在学位论文研究过程中应用数据分析与建模方法,自主开展科研实践。

⑤ 成果转化方案

将竞赛成果、科学研究类项目成果、自主科研成果等进一步深化、凝练为小论文、专利,支撑学位论文写作、项目申报、课题报奖等。以学位论文、课题研究为基础开展专著编写。

2. 程序设计能力发展方案

(1) 发展目标

熟练运用C++、Python、Matlab、R等编程语言中的一种,自主完成软件开发环境搭建,自主设计算法并编写程序实现数据处理、数学建模、模型求解、仿真模拟等功能。

(2) 发展路径

研学阶段:课程教学与自主学习相结合,开展讲座进行学习与实践经验分享。

实践阶段:作为编程工具解决竞赛、工程实践和科学研究类项目实践、论文写作中的相关问题。

成果转化阶段:结合项目、论文申请软件著作权、专利成果等。建立编码模板库,编写常用集成开发环境操作入门手册、常见编程问题答疑手册等。

(3) 发展方案

① 课程教学

结合交通运输规划专业课程安排及互联网线上课程,搜集、汇总相关课程内容如表3-5、表3-6所示。

表3-5 程序设计相关课程推荐

课程名称	一级学科
C++程序设计	交通运输工程
C++程序设计课程设计	交通运输工程

表3-6 程序设计相关在线课程

课程名称	机构	资源建设
Introduction to Computer Science and Programming Using Python	EdX	线上教育（https：//courses.edx.org/courses/course-v1：MITx+6.00.1x+2T2018/course/）
Python语言程序设计	MOOC	线上教育（https：//www.icourse163.org/course/BIT-268001）

② 教材与专著

表3-7 程序设计相关教材及专著

名称	作者	出版社
《Python编程从入门到实践》	Eric Matthes	人民邮电出版社
《R语言实战》	Robert I. Kabacoff	人民邮电出版社
《Learn Python the Hard Way》	Zed A. Shaw	Addison-Wesley Professional
《利用Python进行数据分析》	Wes McKinney	机械工业出版社

③ 研学方案

交通运输规划类研究生在本科阶段必须先修"C++程序设计"及相应课程，熟悉C++的基本语法、数据结构等，自主编写基础Console或MFC程序。研究生阶段采用教材自学或通过线上教育进行学习Python、Matlab、R等其中一门编程语言入门课程。各成员需在个人学期计划中制定相应的软件学习计划，每月底需提交本月学习进度及上机实践成果，并要求基础内容学习在一学期内完成。构建程序设计线上交流讨论平台，提供相关问题的交流讨论机会。

开展内部交流讲座，分享程序设计入门与实践经验；对团队自主整理的模板库、集成开发环境操作手册、常见问题答疑手册等的使用方式进行介绍。邀请团队外部学者开展讲座，内容可涉及编程工具在交通工程领域的应用、自主编程实现模型创新及算法创新等方面。

④ 实践方案

输出型学习作为编程工具学习的关键环节,可结合以下途径或科研活动进行上机实践:教程课后习题;工程实践类和科学研究类课题;相关竞赛;学位论文及小论文研究;从生活、工作中发现的问题等。

⑤ 成果转化方案

针对科研实践中形成的软件成果,申请软件著作权、撰写专利。

模板库整理。对常用代码进行整理,形成模板,如文件输入输出模板、高德 Api 函数调用模板、Python 爬虫模板等,并撰写相应文本用于说明模板的使用方法。

编写集成开发环境入门手册。对常用集成开发环境进行优劣势比较,对主流产品(如 Pycharm、Spider 等)的安装与配置进行说明,并介绍常用功能、操作、快捷键、常见问题解答等。

编写程序设计常见问题答疑手册。结合成员在学习过程中的问题反馈,汇总形成常见问题库,并编写相应的解决办法。整理程序设计入门建议、编程技巧等方面内容,为后续初学者提供参考。

3. 交通建模及 GIS 软件培训方案

(1) 发展目标

熟练掌握 EMME4、Aimsun、TransCAD、Vissim 等宏观、微观交通建模及仿真软件的基本操作;熟悉交通宏观、微观仿真的前期准备工作;自主完成城市交通宏观模型、微观交通仿真模型的建模工作;能够进行模型比选、参数调整及仿真结果分析等。

掌握地理信息系统的基本概念、空间数据的采集、处理与组织、GIS 空间分析的原理方法,并掌握常用 GIS 软件(ArcGIS、MapInfo 等)的操作。

(2) 发展路径

研学阶段:校内课程、社会培训与自主学习相结合,并组织讲座交流研学、实践经验。

实践阶段:结合工程实践类和科学研究类项目、小论文、学位论文研究进行实践。

成果产出阶段：将科研实践活动中形成的创新型、实用型成果凝练为论文、专利；自主编写常用宏观、微观仿真操作手册。

（3）发展方案

① 课程教学

表 3-8　交通建模与仿真及 GIS 软件应用课程推荐

课程名称	一级学科
交通辅助工程（TransCAD）	交通运输工程
交通仿真课程设计（Vissim）	交通运输工程
GIS 技术与应用（ArcGIS）	交通运输工程

② 教材与手册

表 3-9　交通建模与仿真及 GIS 软件相关教材与手册

名称	作者\机构
EMME4 培训教材	吴宋美加设计咨询有限公司
Aimsun 用户手册	Aimsun
Vissim 用户手册	PTV
交通规划模型——TransCAD 操作与应用	章玉
TransCAD 用户手册	Capliper
ArcGIS 基础教程	Scott Crosier

③ 研学方案

交通运输规划类研究生在本科生阶段必须先修交通仿真相关课程，熟悉 Vissim 的基本操作。建议选修交通辅助工程及 GIS 技术与应用，或根据实验操作手册对 TransCAD 与 ArcGIS 软件进行上机练习。研究生阶段安排 EMME 社会培训，学生也可采用 EMME 用户手册进行软件自学，后期可结合团队自主编写的操作手册进行自学及上机练习。

④ 实践方案

结合团队开展的横纵向项目对交通仿真及 GIS 软件进行实践；采用团队积累的科研项目数据进行实践；在竞赛、论文产出中实践等。

⑤ 成果转化方案

将创新型、实用型的交通仿真、空间分析技术方法及成果凝练为小论文、专利等。结合实践经验、知识归纳与创新形成教材、专著的部分章节。编制团队宏观、微观仿真手册，结合具体项目对交通建模与仿真过程的操作步骤、注意事项、操作技巧进行图文说明。

交通运输规划类人才需要培养专业技能，团队应完善交通专业技能培训制度。建立社会软件培训、团队内部培训和邀请交通模型专家讲座培训的技能培训体系，使理论学习与实践训练相结合。重点针对 TransCAD、EMME、Aimsun、Vissim 等交通建模软件培训和 AutoCAD、PS、SPSS 等交通相关应用开展软件培训，定期开展交通模型研讨和交通专业技能竞赛。每年组织社会软件培训 1 次；每年定期组织软件培训学习月，组织 2 到 3 次内部培训讲座，1 到 2 次交通模型专家的培训讲座。讲座内容包括各类交通软件的基本介绍、基础理论、模型概析、实践操作与实例应用。

5. 软件培训与研学体系

以 EMME 软件学习中交通需求分析模型培训为例，介绍软件培训与研学体系。

(1) 培训目标设计

对交通规划师、交通工程师、交通模型师关于交通需求分析模型的培养要求不同。交通工程师至少需要掌握机动车交通建模和配流的技术，能够独立完成交通影响分析、道路网组织管理方案评价中的交通需求分析工作。交通规划师在此基础上还应至少能够独立完成综合交通规划、道路网规划、控制性详细规划中交通适应性分析等交通需求分析工作，且更需要注重实践能力和经验。作为专业的交通需求分析模型研究和应用人员，交通模型师的培养要求则更高，在前两者的基础上需要掌握公交建模和配流的交通需求分析技能，能够独立完成公共交通规划、轨道交通规划等交通需求分析工作。交通模型师在高校积累良好的交通需求分析模型研究和应用基础，结合工作后的经验积累和专业培训，要求能够承担城市综合交通模型的建立、修正、使用等的工作。

研究团队的交通需求分析模型培训和研学是在高校研究生课程学习的基础上开展的，因此参与的研究生一般都已经对四阶段交通需求分析模型有了大致的了解,但离熟练掌握并能应用于工程实践往往还有很大的差距。结合交通工程师、交通规划师、交通模型师不同的交通需求分析模型掌握要求,将交通需求分析模型培训和研学目标分为初级、中级、高级三个阶段,可以根据研究生不同的培养目标进行选择。对于想进入城市、交通规划设计单位从事交通规划工作的硕士研究生,其培养目标要求应至少达到中级的水平,而研究交通模型方向的硕士研究生和所有博士研究生应该达到高级的水平。[31]

(2) 培训研学体系框架设计

培训研学体系框架主要依托于四个模块:调查认知实践模块、课程理论教学模块、软件应用讲习模块、综合训练实践模块,每个阶段的培训研学任务都由这四个模块组成,如图 3-2 所示。

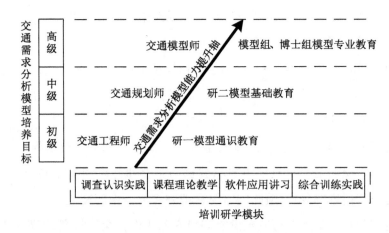

图 3-2　交通需求分析模型培训研学体系设计

① 调查认知实践

精确的交通需求分析模型是建立在科学的交通调查的基础上的,只有经历过交通调查才能对模型有更好的把握。因此在交通需求分析模型学习中要特别重视调查认知实践。这就要求研究生导师在生产服务类项目的选择上能为研究生的调查认知实践提供条件。一般调查认知实践都依托于一些需要开展较大规模的调查实践的项目,项目类型主要有综合交通规划、公共交通规划、交通影响分析等。由于每个阶段需要掌握的交通需求分析模型程度不同,每个阶段必须开展的调查认知实践也不同。研究生在初级学习时必须已经经历交通量调查的实践,中级学习时已经经历居民出行调查的实践,而高级学习时已经经历公交 OD 调查的实践。

同时注重在调查认识实践中加强对研究生其他相关能力的培养。除参与现场调研外如,一年级硕士研究生需要完成调查数据的处理与分析,掌握 EXCEL、ACCESS 等软件的基本操作;二年级硕士研究生需要完成调查表格的绘制、调查流程的安排、调查人员的统筹等工作,具备组织协调能力;而交通模型方向的硕士研究生、所有博士研究生需要进行交通调查的培训指导工作。

② 课程理论教学

在研究生交通规划课程中,与交通需求分析模型相关的重点教学内容为四阶段交通需求分析的流程、每一阶段所用的模型等。由于受到课时限制等原因,课堂教学内容离实际工程应用还存在一定脱节,如教学内容缺乏与交通需求预测软件的结合,机动车交通配流方法仅为基础的非平衡分配模型,缺少公共交通配流、OD 反推等经常用到的交通需求预测技术的介绍。对于一些实际工程中经常碰到的基础问题,如交通小区如何划分、道路通行能力如何选取、重力模型参数如何标定等也缺少讲解,导致研究生在面对实际问题时往往束手无策。

因此,在研究团队内部课程理论教学内容上,要十分重视这些被忽视的但很实用的理论及应用知识的讲解。在具体课程理论教学设计上,强调三个结合:即短期集训和长期培训相结合,课程教学和自主研学相结合,研究团队内部培训与软件开发公司培训相结合。这里提到的课程也包括软件应用讲习课程。

EMME 软件的教学是研究生专业技能培训的重要组成部分,在团队内讲座活动中予以统筹安排,一般分为短期集训和长期培训。短期集训即 EMME 软件的主题月学习,安排在九月份或十月份,即研一新生刚入学之后,作为专业始业教育的重要组成部分。在主题月中安排 4~6 次交通需求分析模型及 EMME 软件相关的讲座,每次讲座时常约两个小时(包括半小时左右的提问环节)。讲座一般由团队内部从事模型研究的博士和高年级硕士主讲,内容包括交通需求预测理论、EMME 软件操作、案例讲解、经验介绍,以及 EXCEL、ACCESS、MATLAB 等辅助软件的学习。长期培训则是在主题月之后的讲座活动中不定期的安排团队内部成员或已毕业参加工作的博硕士做相关的讲座。

讲座可能涉及模型理解、软件操作等,需要特别注重讲座前和讲座后的环节的配合,即做到课程教学与自主研学相结合,讲座前提前一星期发布讲座通知,在研究团队内部提供相关学习素材供学生事先学习。学习素材讲求少而精,如理论教学讲座是论文、书籍,软件应用讲座中提供操作的基础素材、操作手册及以往类似讲座时录制的电脑视频资料。讲座后一星期内,由主讲人组织研讨和答疑,解决研究生在课程中的理论学习、软件操作实践中遇到的具体问题。

在培训研学过程尤其是主题月的学习中始终贯彻质量管理的 PDCA (PLAN、DO、CHECK、ACTION)循环理念。根据初级、中级、高级的不同阶段所要达到的目标制定课程培训计划,课程培训必需按计划执行,并通过事后的研讨和答疑检查课程的效果,及时将普遍存在的问题增加到原来的课程计划中,即把这些问题纳入到下一个 PDCA 循环中去解决。PDCA 循环质量管理方法见图 3-3。

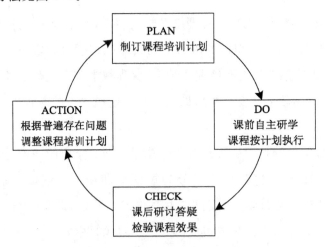

图 3-3 培训研学活动中 PDCA 循环质量管理方法

③ 软件应用讲习

软件应用讲习安排在研究生系统地完成了课程理论学习之后,重点培养学生 EMME 软件的实际操作能力。软件应用讲习课程组织形式也与理论教学课程相同。另外，在该环节中引入已经完成的实际工程项目作为培训与研学的示范案例，这对研究生交通需求分析模型能力的培养大有裨益。通过软件应用讲习能使研究生熟练使用 EMME 软件并独立完成示范案例的从道路网（公交线网）制作、基础数据处理到四阶段交通需求预测的一整套交通需求分析工作。在示范案例的选取上应结合不同阶段研究生所要求掌握的交通需求分析模型目标，选取具有代表性的案例，如交通影响分析、道路网规划、公共交通规划等项目中的交通需求分析可分别作为初级、中级、高级等三个阶段软件应用讲习素材。

对讲座中的软件操作视频和素材案例进行整理，建立交通需求分析模型学习的资料库，使研究生能在传统培训的基础上，根据自身学习需求，选择个性化的软件学习服务。资料库主要包括团队内部编制的 EMME 软件导学指引以及各种学习素材。EMME 软件导学指引中对每一阶段软件自主研学的流程、所需达到的要求、需要用到的学习素材进行综述。学习素材主要包括推荐的论文、书籍、软件手册，团队内部讲座的音视频资料，实践操作案例等。分类归档后上传团队共享平台，以实现研学资源的平台化，推动研究生的自主研学。具体软件培训研学体系框架见图 3-4。

④ 综合训练实践

交通需求分析模型的应用不仅被视为是一种科学，更被称为是一种艺术。一个好的交通模型师，对模型的标定、校准和验证都应具备充分的经验。交通需求分析模型能力培养的应特别注重理论知识、软件操作与实践应用的结合，即实践经验的积累。综合训练实践是让交通运输规划类研究生在经过以上三个环节学习后，参与到实际项目的交通需求预测工作中。针对一个地区或城市交通现状进行调查，在此基础上进行交通需求建模，支持规划方案的制订。要求每一个研究生至少做到研一参研一个项目的交通需求分析专题，研二主研一个项目的交通需求分析专题，培养学生综合运用知识、创造性解决问题能力。

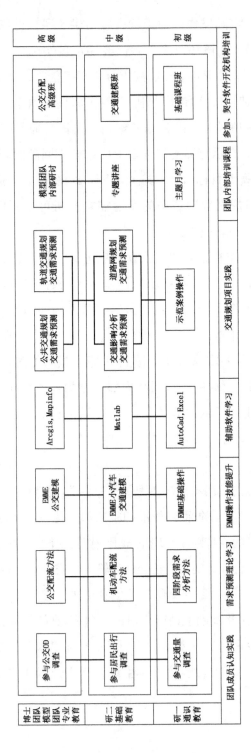

图 3-4 EMME 软件培训研学体系框架

重视实践经验的交流,充分利用研究团队培养的、从事了多年交通规划工作、具备丰富交通需求分析模型经验的已毕业博硕士资源,通过 QQ 群等形式建立网络交流平台,便于学生咨询相关问题,分享优秀的学习研究资料,促进他们与团队研究生相互间的经验交流,加快研究生交通需求分析模型经验的积累。

第 4 章　交通运输规划类人才教育资源建设

4.1　人才培养实践资源建设

4.1.1　实践资源

为更好地适应国家经济建设和社会发展对高层次应用型人才的迫切需要,交通运输规划类人才既要掌握专业领域坚实的基础理论和宽广的专业知识,又要具有较强的解决实际问题的能力,能够承担专业技术或管理工作,成为具备良好职业素养的高层次专门人才。因此研究生培养模式逐步由学术型为主向学术型与专业型硕士并重转变,不断增加研究生与外界交流的机会,重视研究生实践能力的培养,不断探索研究生实践资源的建设等。交通运输规划类研究生实践资源主要指研究生实践基地资源。

实践基地是指具有一定实践规模并相对稳定的高等学校学生参加校外实践和社会实践的重要场所。建设长期稳定的实践基地是提高实践质量的重要保障,将实践研究与人才培养有机结合,对于高素质人才的实践能力和创新、创业能力培养有着十分重要的作用,是实现学校培养目标的重要条件之一。

交通运输规划学科研究生为了认识城市、认识城市交通,需要走入城市的大街小巷中去,发现和了解他们的研究对象,提升实证分析、情景分析能力,在实践中挖掘人和货物移动规律,加深对城市土地利用与交通系统关系的理解，探索合理利用时空资源的方法。因此交通规划类团队的实践基地选址应符合交通专业特点，考虑城市组织形式、城市规模、交通属性以及国家战略等因素，按照都市圈、城市群、大中小城市进行分类布局，如南京都市圈、长三角一体化等，合理选择实践基地位置；基地单位类别也应充分考虑涵盖交通行业内的企业、科研机构及政府等各类型单位，可以与城市规划企业、交通科研院所及相关政府部门建立长期稳定的合作关系，构建产学研一体的培养模式。

实践基地可作为交通运输规划类团队实验室，为研究生提供衔接学校与社会的桥梁，让研究生在实践中把握交通规划的内涵。实践基地储备的资料与案例可供研究生学习研究，实践项目可让研究生观摩与参与，共同建设与完善基地项目资料库，让学生在案例学习与实地调研中观察城市组织的演进，观察城市纵向历史演变与横向空间关系，培养学生的战略思维、全局思维。

企业研究生工作站，作为高校研究生培养的重要创新实践基地之一，是由企业申请设立、出资建设并引入高校研究生导师指导下的研究生团队开展技术研发的机构，是规模企业与高校产学研合作的重要平台。企业研究生工作站更加注重企业与高校的合作，将交通运输规划类人才放在高校和企业中共同培养孵育，帮助研究生将理论学习成果直接转化为工程实践本领。

通过企业研究生工作站的设立，研究生可以将企业工程问题凝练为科学研究课题，帮助企业攻克技术难题。另一方面，企业为研究生提供研究设施和实践指导条件，开展人才培养和培训工作，是高层次科研应用型人才培养的重要途径。因此，研究生工作站的建立是高校充分发挥人才与科技优势、为经济建设做贡献的需要，是推进研究生培养模式、加强产学研合作、提高自主创新的需要。

国家教育改革要求积极推进产学研结合应用，创立高校与科研院所、行业、企业联合培养人才的新机制。企业研究生工作站是产学研结合的重要渠道，也是人才培养实践资源的重要组成，因此本节重点讨论交通运输规划类企业研究生工作站资源的建设与管理方法。

4.1.2 企业研究生工作站建设规划

1. 研究生工作站建设目标

工作站建设总目标是依托交通运输及相关领域内有重要影响力的企业、科研机构,探索校企联合人才培养的新模式,构建一流育人平台,实现校企一体的"卓越化、国际化、个性化"的高层次复合型新人才的培养目标。

研究生工作站是加快区域创新体系建设、实施创新驱动战略的重要组成,是提升企业自主创新能力的重要载体,是研究生培养单位主动服务地方经济社会发展的重要渠道,是培养高层次创新人才、提高研究生培养质量的重要途径。通过研究生工作站建设,构建跨学科、高水平、全方位、立体化、创新型的实践教育平台,多途径提供学生参与科研、提升实践能力的通道和方式,强化与学生的交流,提高相互了解程度,加深科研合作。

学生在企业完成分阶段、分层次的实习及联合毕业设计,熟悉交通运输工程规划、设计、施工和管理的基本方法,提高综合运用知识的能力;了解工程实际需要,培养职业素养、分析能力、沟通表达能力、团结协作能力、管理能力等工程综合能力,从而具有独立从事交通运输工程领域内某一方向规划与设计、运行与管理、分析与集成、研究与开发、管理与决策等能力,以适应未来科技发展和社会进步需要,成为面向未来的具有实践能力、创新能力、国际视野和领导意识的骨干人才。

2. 研究生工作站建设要求

研究生工作站建设要有目标、有依托、有动力和有成果分享,以全面提高学生国际视野、综合素质和创新实践能力为宗旨,以创新实践教学培养模式改革为突破口,以加强优质教学资源建设为载体,以加大教学投入和加强质量管理为保障,建设一个融企业优势和多学科知识于一体的跨学科领域的示范性实践教学基地,为社会发展培养合格的交通运输规划领域的一流人才。

(1) 研究方向一致性

共建单位与研究团队的目标与方向一致,有利于学生将理论与实践相结合，保证培养的连贯性。学生在导师指导下完成专业理论知识的学习后，在工作站开展实践训练，由工作站校外导师引领，在实战中加深对理论知识的理解与应用，在实践中凝练创新要素与方法，并最终体现在学位论文成果中。因此研究生工作站的建立应当在团队与共建单位研究方向契合、研究理念相近的前提下开展。

（2）课题合作

工作站与团队的合作要依托课题或工程项目，在实践研究中将双方优势有机结合并最大化。结合企业实践过程中积累的丰富工程经验，共同提炼出具有普遍性和科学价值的关键问题，并发挥高校科研团队的创新和研究优势，以专项课题研究的形式，寻求解决实际工程问题的关键技术与方法论，从理论上提供科学合理的解决方法，实现"产、学、研"一体化。

（3）导师队伍

工作站应当拥有一支素质较高的技术人员和职工队伍，为教学计划规定的实践提供指导人员。对基地指导教师团队除了有专业知识技能要求外，对其责任意识、教育意识也应当进行要求。教师团队需保证"三心"，即"全心培养、走心指导、用心学习"，做到"心到、心定、心静"，提升教师培养和服务学生的意识。

（4）教学活动

工作站应积极开展讲座论坛、项目实践、工程课题及毕业论文等方面的教学活动，形成对学生实践能力、协作能力、创新意识等的多方位训练与培养。

3. 共建单位标准[32]

为保证交通运输专业人才的培养质量，可以要求共建单位满足以下标准：

（1）具备一定的生产规模，具有技术创新的迫切需求和明确的产品研发方向，已承担县级以上科技项目；

（2）建有博士后科研工作站，或县级以上重点实验室、工程技术研究中心、技术中心、工程中心，或具有相关技术研发工程实验条件；

（3）具有与高校或科研院所合作的良好基础；

（4）具有保证研究生团队进站后必需的生活及文体活动条件，具有研究生工作站运行管理的具体制度和办法以及保证研究生工作站正常运行的专项经费；

（5）校企合作培养基地应至少具有甲级设计院资质，或为全球500强企业；

（6）新建的校企合作培养基地，应优先考虑那些经过多次实践，符合校企合作培养要求，但尚未签约的单位；

（7）根据交通专业与地方经济发展情况，校企合作培养基地应专业对口，相对稳定，单位所在城市定位明确，便于配合研究目标及要求。

4.1.3 企业研究生工作站管理要求

校企合作研究生工作站必须建立合理完善的管理办法和举措，强化学校与企业、科研实践成果与教学的融合机制，形成长期有效的科研实践成果向教学转化的管理模式和促进流程，保证实践基地的水平能够始终瞄准最新的发展动态，使得运输系统规划与管理方向团队人才培养能够跟上发展的速度，保证教学能够培养出掌握交通行业最新知识的人才。

1. 工作站与团队的权利与义务

为确保合作培养基地能够将硬、软件资源有效转化为学生教育资源，企业研究生工作站要明确双方在人才培养过程中的权利与义务。

校企合作培养基地共建单位按学校提供的实践指导书和实践计划要求，委派具有中级以上职称的技术人员参与指导。对实践学生的有关收费上应给予优惠。校企合作培养基地要积极探索、创造条件使校企合作培养与"产、学、研"一体化相结合，产生经济效益和社会效应，并要严格遵守国家有关部门颁布的法规、法令及条例，制定实践环境管理和劳动保护的管理规定、安全操作管理规程和文明生产措施，营造良好的育人环境。

交通运输类团队在人才培训、委托培养、课程进修、技术咨询服务、信息交流和成果转化等方面对校企合作培养基地共建单位优先给予考虑。

在国家高校毕业生就业政策许可范围内,征求毕业生本人意见后,校企合作培养基地共建单位可优先选聘有关毕业生。团队应根据教学大纲要求,制订实践指导书和实践计划,送交校企合作培养基地共建单位,并委派责任心强、有实践经验的教师担任实践指导教师。参加实践的指导教师和学生在实践期间必须严格遵守校企合作培养基地共建单位的有关规章制度。

2. 工作站组织机构设置

共建双方需设立专门的校外实践基地组织机构,由领导组和工作组组成。领导组负责组织和统筹校外实践基地的建设运行工作,工作组负责校外实践基地的日常管理运作工作,保证实践教学的顺利开展,切实提高建设效益。

3. 工作站研究生学位论文组织要求

共建双方应根据校外实践基地的实际情况,共同制定基地研究生实习阶段的考核方法、考核手段和评价指标体系,对其在校外实践基地学习阶段的培养质量进行评价。基地研究生通过考核后方能进入毕业论文研究环节,开展论文工作。

4. 研究生工作站检查与评估

共建双方应以保证实践教学质量为目标,共同制定保证实践安全和实践质量的制度,对校外实践基地进行检查和评估,并将相关材料存档。

5. 工作站研究生要求与考核

共建双方需按照学校学位授予的要求及工作细则对基地研究生开题报告、论文预答辩、论文评审和论文答辩的各个环节进行把控。

4.1.4　企业研究生工作站实施细则

为确保企业研究生工作站的建设和管理顺利落实,保证工作站研究生在校外实践基地能得到相关学习和实践支持,更好地开展各项课题研究与论文写作,进一步提升学生的科研精神和实践能力,工作站要制定相关的管理细则,具体内容可参考如下:

1. 企业单位的职责

企业单位需要负责组织基地研究生在校外实践基地的学习、工作和生活,具体职责为:

(1) 安排工作站研究生在实践期间的食宿,提供必要的学习、工作条件;

(2) 企业单位为校外指导老师制定工作要求及考核标准,将研究生指导工作计入工作量;

(3) 根据工作站研究生每月在校外实践工作站的实践工作量进行工作津贴结算,并报销工作站研究生在学校与校外实践工作站之间的往返或差旅费;

(4) 负责工作站校外导师与专家队伍建设,辅导工作站研究生课题项目及论文写作;

(5) 每月对工作站研究生进行考勤,并于每月底前将工作站研究生月度考勤情况交予学生所在团队备份。

2. 校外导师的聘任资格与职责

校外导师的聘任资格:

(1) 拥护党的路线、方针、政策,有良好的职业道德,熟悉国家有关专业学位研究生教育的政策法规,贯彻国家的教育方针,认真履行校外导师职责;

(2) 掌握交通领域国内外发展动态,近3年内在共建单位承担过重大科研项目或作为单位主要管理人员在技术或管理创新方面取得突出成绩;

(3) 在学术方面有一定造诣,具有丰富的工作经验,有指导学生的能力,至少具有本科及以上学历的副教授、高级工程师职称。

工作站研究生在实践期间,校外导师主要承担以下职责:

(1) 负责工作站研究生的思想政治道德教育及学术道德教育;

(2) 协助做好工作站研究生在实践期间的食宿以及日常生活安排工作;

(3) 组织工作站研究生参与有关学术研讨和学术交流活动;

(4) 与校内导师相互配合,每月至少沟通一次,交流工作站研究生培养、科研活动等事项,共同提高工作站研究生培养质量;

(5) 与校内导师联合指导工作站研究生,在充分了解工作站研究生的专业基础知识和专业技能的基础上,按照因材施教和个性化理念培养,指导工作站研究生的实践技能和专业知识。校外导师应与校内导师共同制订研究生培养计划,共同指导工作站研究生完成学位论文;

(6) 辅导工作站研究生课题项目及写作,负责工作站研究生学位论文评审与答辩工作;

(7) 协助工作站研究生就业指导工作;

(8) 实践结束后给出工作站研究生考核意见。

3. 校外实践组织

工作站研究生参加校外实践应符合高校相关规定,遵从以下要求:

(1) 工作站研究生应与校内外导师共同制订实践计划,经学院和导师审核通过后,方可进入实践环节;

(2) 工作站实践时间不得少于6个月;

(3) 工作站研究生在实践结束后应撰写不少于5 000字的实践报告,并提交学院与导师进行签字确认。

4. 工作站研究生学位论文组织方案

(1) 学位论文必须经过开题报告、论文预答辩、论文评审、论文答辩等环节。有关评审与答辩的要求按照高校相关规定进行,工作站研究生提交答辩申请时校外导师要签署意见。

(2) 工作站研究生的开题报告应公开进行,就课题的研究范围、研究意义、研究价值、研究内容、研究方案以及课题条件等作出论证,并由企业研究生工作站组织3~5名具有副高及以上职称的专家审核,开题报告需要得到校内导师和校外导师一致认可。

(3) 论文答辩由3~5人组成答辩委员会,应全部具有副高级及以上职称,校内导师和校外导师不担任答辩委员会成员。其中工作站专家至少1位,如答辩委员会有2位正高职称人员,则可不请校外实践基地专家。

5. 工作站研究生的要求与考核

工作站研究生在实践期间的要求:

（1）工作站研究生需严格遵守共建单位的各项规章制度，按照校外实践工作站工作时间上下班，不得无故迟到早退。如需请假，需填写请假申请表，经校外导师同意、共建单位批准后方可休假，如未按照程序请假则按旷工处理。

（2）工作站研究生中午可在共建单位食堂就餐，晚餐自理，加班可享受共建单位员工的加班餐。

（3）工作站研究生每两周向校内导师和校外导师至少汇报一次学习、科研、工作等情况；每个月撰写月度总结，对阶段性学习、科研情况进行总结，月度总结需校外导师审阅并签字。

（4）工作站研究生需认真按照校外导师要求开展学习实践、课题研究与学位论文等工作，并承担一定的工作任务。

4.2 教师资源建设

信息和互联网时代下社会、行业和学科都在不断发展，规划类人才所需具备的视野更为广阔，知识结构更多元，思维方式网络化，对个人素养的要求也不断提高，这也决定了领军人才的培养需要由教师团队共同完成。不同领域、相关专业的校内外指导老师通过多种方式参与到规划类研究生的教育中来，为学生提供更多领略行业大家风采的机会，让学生能够对标行业顶尖的研究水准，激发学生对专业的热情与激情，最终达到开阔视野、完善知识结构、重构思维方式、提升个人素养的目标。

4.2.1 教师团队建设原则

美国学者乔恩·R·卡曾巴赫认为，团队是指有互补技能、愿意为了共同目标而相互协作的个体所组成的正式群体。团队通常以任务为导向，拥有共同的行为目标和有效的交流与合作，构成团队的本质特征，并体现自治、民主、高效的原则。成员之间相互依存、相互影响、积极协作，以追求集体成功。一个团队必须具备三个条件：一是具有共同的愿景与目标，二是具有和谐相互依赖的关系,三是具有共同的规范和准则。

团队工作模式区别于个人工作模式和竞争模式,它强调的是团队成员在工作中的配合与协作。现代学校无论是教育教学、教育科研还是行政管理领域,都不是仅靠个人的力量所能成就的,而是需要依靠集体的力量,依靠群体的合作、相互信任、团结协作才能有效达成目标。有研究表明,与个人主义模式和竞争模式相比较,团队工作模式具有三方面明显优势:一是能实现更高的个人工作效能,二是能促进团队成员间更积极的人际关系和社会支持,三是能更大地提高团队成员的心理健康水平。

交通运输规划类教师团队是指特定学校或区域的良师以及不同领域相关专业的大师、名师在共同的团队精神指引下,相互协作,互学互助,为促进团队的专业发展,为完成特定的目标而组织的共同体。教师团队的建设应遵循以下原则:

1. 团队成员组成多元

团队中的成员各自拥有不同的背景和经历,每个成员关注的领域各有不同。考虑到交通运输规划类人才不仅需要有扎实的理论基础,还应具备实践创新能力,因此教师团队应该由来自高校、政府、企业等多领域相关专业的导师共同构成,给团队成员提供多角度、多领域的经验传授和技术指导,使得团队分析问题和解决问题时的思维更加活跃,团队中每个人能找到更适合自己的发展路径。

2. 团队价值观念一致

团队建设的核心在于团队成员之间就共同价值观和某些原则达成共识或共同愿景。交通运输规划类教师团队要以提高学生个人素养、完善学生知识结构、发展学生思维模式、培养交通行业领军人才为目标,通过自身学术与实践能力引导学生发展;保持自我的积极性,激发自主学习的内驱动力和自我改造的热情,提升教师教学育人精神,饱含热情地投入到教育工作中去,做到教学相长。只有在相同的价值观念引导下,才能构建互助合作、求同存异、彼此尊重、能够取得优秀成果的教师团队。

3. 团队资源成果共享

教师团队要有充分的资源,在教育过程中能给予研究生理论学习的资源与平台,帮助研究生掌握专业核心知识。同时团队也需要建立稳定的实践平台,提供科研课题,帮助研究生完成理论向实践的转化,让研究生的发展有所依托。教师团队与研究生经过科研与实践后,要有共享成果作为这一阶段教育成效的体现,其中成果的形式包括项目获奖、论文、专利发表等。

4.2.2 大师亲炙

"所谓大学者,非谓有大楼之谓也,有大师之谓也。"《资治通鉴》有一句话:"经师易遇,人师难遭。"大师应该是经师与人师的统一,也就是"道德文章,堪为师表",不但有渊博的知识,有原创性、奠基性、开拓性、前沿性的学术成就,还能做到文以载道,是知识和品格完美结合的代表,是知行统一的典范。

邀请具有一定知名度,或是在某一问题上有独到见解,或是在学术上造诣深厚,为国家或世界做出了重要贡献的大师开展学术讲座,构建独特的文化与学术氛围。作为高层次的理性活动,学术讲座对参与者和听众是有要求的,它需要打碎表层的热闹,进入"深思考""深阅读"状态。

学术讲座在人才培养方面发挥的作用是不容忽视的,它能集最前沿、最丰富、最有代表性的知识于一身,培养学生的通识思维能力。所谓通识思维能力即想得更深入、看得更宽阔、判断得更正确的能力。通识思维能力的培养应包括思考力、感受力、理解力、分析力、想象力、创造力、判断力、洞察力等综合能力的养成,而这种能力的养成又源于将不同知识贯通的训练。正由于学术讲座所传授的知识是多元化的,且在很多方面又是某一领域和专业的基础,是最有代表性的知识,研究生才能通过学术讲座拓宽知识面。这些多元化知识的吸收可以有效地培养学生的通识思维能力,引导学生的专业学习。学术讲座的知识若从学科的角度来说,宏观上可以分为文、理。到21世纪,科学主义与人文主义在知识领域中正走向融合。科学精神传递给人类对事物的求实与创新,坚持对客观世界真理的追求;而人文精神则更多的提倡对人类自身的人文关怀,实现人自身的价值和理想,树立正确的世界观和人生观,二者在人才培养中不可或缺。学术讲座正是科学精神和人文精神的结合,并以人文主义的形式出现,传授给学生科学知识。

其次,学术讲座能促进学术自由,创造新的思想理论,推动文化的不断发展,弘扬多元化的科学文化知识等。研究生教育的根本任务在于创造新知,以思想服务社会。大学之所以成为社会的中心在于大学是生产"理论知识"的地方,这种理论知识是现代社会正常运作不可或缺的重要资源。大学尤其是研究型大学是研究高深学问之处所,它必须以思想服务于社会。所谓思想,是指开创性研究的初期成果,即有一定实验基础的前期性科研成果。大学是创造性"思想"的"圣殿",而非加工产品的"车间"。以讲座为载体的开放性的、富有活力的创新平台,遵循着学术民主的原则,从不同的学科研究视角出发,围绕着同一主题在相互碰撞中产生新理论和新思想,以避免面临知识生产危机。

因此在交通运输规划人才培养过程中,可邀请国内外学术界、工程界院士、全国(省)规划大师、各专业领域的顶尖教授进行专题讲座。交通运输规划是典型的多学科交叉融合形成的专业,在大数据时代,这种交叉学科的融合特征更为明显,例如交通规划涉及交通工程学、运筹学、管理学、经济学、社会学、地理学、心理学等多学科的考虑因素或分析方法与模型。所以,交通运输规划所需的知识不仅仅局限于交通,更需要经济、社会、心理、地理、艺术等多专业的熏陶,需要培养研究生超脱于本专业的宏观思维模式。通过学习大师的思维格局、学术态度及人生观、价值观,学生的知识能力得到培养,进一步打开思维,提升格局,塑造人格。

4.2.3　名师指点

在培育交通运输规划类研究生的过程中应努力构建名师团队,增加研究生与行业内名师的接触交流,在多样化的专题讲座与研讨活动中了解行业发展趋势及最新研究成果,把握专业发展的核心与动态。名师团队由行业内专家学者、教授、杰出企业家等组成。专家学者们精通交通运输规划专业的基础理论，了解最新的学术成果，具有丰富的科研实践经验，熟悉教育教学的客观规律。杰出企业家完成了理论知识向实践应用转换的过程，拥有丰富的项目实践经验和社会工作经验，对行业发展需求和热点把握准确，清晰地了解企业人才需求，能够从实践角度提出人才培养的目标，注重研究生职业素养教育。

  名师团队的作用主要体现在以下几个方面：第一，学术引领作用，名师既有高深的学科专业、素养和威望，又有出色的组织管理才能，能够创造有利于研究生培养的较宽松的学术氛围。美国学者克拉克认为："在每一个领域里，都有一种新成员要逐步养成的生活方式，在发达的系统中尤其如此"。比如，物理学家、经济学家和艺术史学家等，都是先作为学习者然后通过工作期间与学科同行的相互接触，才成为他们所从事学科领域内的合格成员的。研究生作为学术共同体的新成员和后继者，在成为学科合格成员的学习生活中，需要受到由行业内名师团队营造的学术氛围的熏陶，逐步了解行业，成为合格的交通运输规划人才。第二，学术指点作用，名师除了在讲座与研讨中介绍、传授、培训科学研究的方法，还会对学习思考过程、特定研究领域内研究实现途径、关键节点的把握等给予及时的启发点拨、引导方向、诱发灵感、启迪思路、促进升华，使得研究生们能够获得更明确的研究方向与思路，同时也能够加强团队之间的紧密合作，促进学术和学者的双向交流。第三，学术品质影响作用，学术品质是学者在学术活动中稳定的态度、倾向和特点，表现为对学术规范、学术道德的认知和遵守。它是学者长期学术修养的积淀，也是学者人格修养的体现，对学者的学术行为具有内在的规范和约束作用。在研究生教育中，研究生学术品质的培养具有十分重要的地位。正如德国著名文化教育学家斯普朗格所认为的："教育绝非单独的文化传递，教育之所以为教育，正在于它是一个人格心灵的'唤醒'过程，这就是教育的核心所在。"同样，研究生教育也绝非单纯地通过学术训练提高研究生的学术能力，造就"术有专攻"的高层次人才，更重要的是通过学术规范、学术道德教育以及名师的言传身教，提高研究生的学术品质，完善他们的人格修养，从而培养既有"学术"更有"学养"的高素质人才。

名师团队在研究方向上提供新的思路和方法,在研究过程中启发诱导,使培养的研究生起点高、方向准、思路宽、创造性强,能够系统地、准确地掌握基础知识和专业知识,接近学科前沿,掌握本学科的发展动态,捕捉机遇与信息,提高专业能力,尤其是专业创造能力。

4.2.4 良师相伴

由高校固定指导教师和具有高级职称、研究院所或管理部门的业内专家构成校内外指导教师团队,对研究生学位论文、工程实践进行全程性指导,对个人未来发展进行点拨与把控。教师团队以自身的科研素养与价值追求影响研究生的价值观塑造,帮助学生提升科研与实践的热情,树立求真务实、坚持不懈的行为理念,最终实现学生对自身格局提升、人生目标实现的不断追求。

1. 校外指导教师

校外指导老师团队需对研究生学位论文撰写、个人未来发展等进行点拨,保证团队学位、学术论文产出数量与质量。结合团队和教师研究方向,为各研究小组安排相同研究领域的名师指导团队,确保每位研究生能找到对应的指导老师。校外导师指导方式主要包括论文辅导、学生答疑、课题指导等。

校外导师团队一方面作为兼职教师参与交通运输工程专业课程的授课,重点讲授工程案例并指导实践,另一方面作为主讲教师负责专业学生的实习、毕业论文等辅导工作,在研究生实习实践的过程中提供机会、给予帮助,并指导其完成学术论文的撰写及学位论文的开题、中期考核和答辩过程。其中论文指导内容包括:

开题阶段指导老师应作为开题报告评阅人或开题汇报评审专家,把关学生论文开题方向,确保研究方向具有理论和实践创新意义;把关论文研究思路与框架,在研究方法、研究周期、研究可行性等方面提出具体修改意见。

中期检查阶段,校外指导老师应检查学生论文撰写进度,审阅已撰写论文的思路是否正确、方法是否先进,督促学生按期保质完成学位论文撰写。

论文撰写过程中校外指导老师主要通过答疑的形式为学生解答相关疑惑。答辩阶段原则上应邀请参与学生开题的老师作为答辩专家,验收论文成果质量。

2. 校内指导教师

校内指导教师团队在日常学习生活中与研究生共同实行矩阵式管理,便于把握每位学生学习动态。团队以教学与科研两大任务为主,针对各年级研究生的理论实践基础,从专业基础与技能、研学互动、项目实践、论文撰写、课题研究、专著教材编写以及组织指导能力等多个方面为学生制定各阶段计划及要求,定期组织检查与自我评估,团队进行监督,实现多方位、多角度的矩阵化组织管理。

校内指导教师团队对在读研究生理论课程、项目实践、科研论文等日常工作进行指导,随时把握学生工作进展,适时调整学生实践课题及研究内容的方向。对于理论课程,应以培养研究生的社会主义核心价值观与社会责任感、专业基础理论与技能为主要目标,帮助研究生树立远大理想,打牢专业基础。对于项目实践,应以培养学生知识技能应用能力为主,帮助学生熟悉交通规划行业的工作内容与模式,为毕业后走上工作岗位的顺利衔接打下基础。对于科研论文,应传授自身对行业内先进领域的认识与见解,指引研究生的论文研究方向,对论文的结构、内容以及文字语言层层把关,培养学生科学严谨的学术态度以及先进的学术视野。

4.3 资源库建设

4.3.1 资源库建设原则

研究生培养教育资源库是各种教育资源的汇集,资源库的建设是推进教育信息化的一个有效途径,为研究生自主研学、工程实践等提供了丰富的学习资源。资源库具有广泛的开放性和较高的共享性,并保持不断地更新和完善,为学习者提供先进的学习资源,有利于研究性学习和合作学习的展开，能够有效地锻炼学习者的终身学习能力和合作能力，对人才培养有着重要影响。交通运输规划研究生教育资源库一般包括文献库、软件库、案例库、课件库和网络课程库等。

知识管理的概念产生于20世纪90年代初，最初出现在管理学领域。教育知识管理是知识管理的衍生，它是研究人类获取、传播、共享、利用和创造新知识的活动规律，运用技术工具管理有关知识的各种连续过程。教育资源库从广义的角度讲就是一个知识库，通常引入知识管理的理念与思路来指导教育资源库的建设。从知识管理的角度重新审视资源库的开发建设问题，将资源库的开发建设看作知识积累、挖掘、不断更新、动态流动的循环过程，挖掘学习者身上的隐性知识，促进知识的共享与交流，让学习者成为资源库的建设者和生产者，建设以流动生成、不断更新为特征的动态资源库。

为了发挥教育资源库应有的作用，在建设资源库时需要遵循以下原则：

1. 积累原则

资源积累是个性化资源库建设与管理的基础，对教育资源的开发建设是知识积累的过程。积累的过程是把无序的、零散的知识资源不断加工，经过合理的规划设计，用规范、科学的组织模式，使之系统化、条理化的过程。交通运输规划教育个性化资源库建设中利用积累原则不仅是增加知识资源的数量，也是提高资源的质量，提高资源的个性化程度，以实现对知识资源的高效利用。

2. 共享原则

通过共享可以避免资源建设的重复，可以使新的资源建设建立在原有资源建设的经验和基础之上，实现互相学习，优势互补，形成一种具有开放性的优化模式，从而节省更多精力用于高质量资源库的开发和建设。

3. 交流原则

如果资源库建设有积累，能共享，但是没有交流，仍然不能建设具有个性化的、能满足学习者学习需要的资源库，使知识资源在流动中更新。资源库建设要考虑建立有利于互动交流的组织结构和机制，确保学习者之间、学习者与教师之间以及学习者与资源库建设者之间可通过多渠道进行交流；

通过交流过程使知识资源得到融合和升华,使资源库的内容不断更新,从而更好地满足资源库使用者的学习需要。

4. 个性化原则

不同学习者在学习起点、学习风格、学习愿望、学习步调等方面存在个体差异,个性化资源库建设要尊重不同学习者存在的差异,为学习者提供满足个性化学习需要的资源。所以,在进行资源库建设时要考虑资源库建设的多层次、多元化、开放性和动态更新及时性,让不同的学习者能在资源库中取得各自所需要的资源。

5. 规范化原则

个性化教育资源建设必须符合教育教学的规律和特点,具备科学性,遵循资源库建设的规范标准。由于个体之间的差异性,进行资源库知识收集时有可能会接触到各种各样的信息,有必要制定统一的标准来规范资源种类、文件格式等,让资源在录入到最终资源库中后,可以在库中顺利地流动、存储、分类以及管理。

6. 系统性原则

个性化资源库建设是一个系统工程,应遵循系统性原则。要统筹考虑资源库建设中各个要素之间的关系,处理好资源库建设中各子系统模块之间的结构关系,优化资源库中的知识资源,将资源进行优化组合,构建良好的信息结构,使教学资源最大程度地满足学习者个性化学习需要,提高资源的利用率。

4.3.2 软件库建设

交通工程专业学生在项目实践过程中需要用到许多工程软件以及交通数据分析、仿真软件等,交通运输规划类团队应建立较为完善的交通工程软件资源库和专业技能培训制度,帮助每位成员掌握至少1~2种软件使用技能。相关软件如下:

1. AutoCAD

AutoCAD(Autodesk Computer Aided Design)是Autodesk(欧特克)公

司首次于1982年开发的自动计算机辅助设计软件,用于二维绘图、详细绘制、设计文档和基本三维设计,广泛应用于土木建筑、工业制图、工程制图等多个领域。在交通领域主要用于绘制道路线网图,是适用于各类项目的基础软件。

2. MATLAB

MATLAB是美国MathWorks公司出品的商业数学软件,是用于算法开发、数据可视化、数据分析以及数值计算的高级技术计算语言和交互式环境,主要包括MATLAB和Simulink两大部分。在交通领域,可利用MATLAB分析交通大数据、预测交通量、识别车牌、检测视频流、图形处理以及实现元胞自动机仿真等,应用广泛。

3. EMME

EMME是一个完整的城市、地区和国家的交通规划平台,是一个提供一致的、有效的数据管理的决策支持系统。Emme为规划者提供了一套完整和综合的工具来满足需求建模、多方式网络建模和分析以及各种各样评估程序的执行需求。它具有强大的网络编辑工具、可视化和分析功能、GIS集成功能,拥有超过100多个交通主题型地图的可扩展性图书馆功能,使其在出行需求预测上具有较高的准确度与可信度。EMME的核心模块由4部分组成,包括私人交通、公共交通、需求模型、分析自动化。

4. AIMSUN

AIMSUN NG是一套完整的交通分析软件,可用来进行交通规划、微观交通仿真、交通需求及相关数据分析。它为静态和动态建模提供了一个完整的平台。AIMSUN NG可以很容易地融入到交通规划者们的工作环境之中。它能够导入并且处理从其他软件(ESRI,Tele Atlas,NAVTEQ等)当中获取的GIS数据,读取CAD位图文件,简化编辑,增强所从事项目成果的表现力。AIMSUN NG能够载入观测数据(历史数据资料或在线实时监测的数据资料均可)用于仿真模拟、规划及一些可视化模块的操作。

AIMSUN NG中的几个主要模块:AIMSUN微观仿真器能在大范围内对交通管理的各组成部分、管理策略及管理措施进行仿真。AIMSUN建模器可以在其他的数字化地图导入的基础上进行建模,将其他软件编辑的路网模型导入到 AIMSUN 的模型中,方便修改,实现高质量绘图。AIMSUN 规划器可为交通规划需求预测四阶段的主要步骤提供支持,可以实现用户平衡交通分配,支持需求分析并且与微观仿真器共享网络以及相关的交通数据,便于进行宏观和微观的分析。

软件库应该包含软件安装包、软件培训资料、使用教程等内容,同时要定期对软件资源库进行检查更新,上传软件安装包、使用教程等的更新资源,并将学习者的经验心得、方法总结上传至学习讨论区,实现学习者与资源库、不同学习者之间、学生与教师之间的信息交互,帮助维护和完善软件库建设。

为了便于访问和适应不同层次的使用者,软件资源库应进行必要的管理。总体上可以按用途、按性质、按层次进行分类并索引,给出相应的查找界面,以提高查找速度。在实际使用过程中,还必须根据实际情况进行相应处理,如:由于使用者身份不同,系统呈现出的软件资源也应有所区别。在操作过程中,可以对管理的软件资源进行访问级别设置、优先程度分类,使不同层次、不同身份的访问者能快速地找到所需资源。有时为了适应不同层次的学习者,软件资源(教程等)还可以分年级、分研究方向进行分类。

4.3.3　文献资料库建设

文献资料库是信息交汇与共享的资源平台。每所高校都会建立自己的文献资料库,拥有丰富的藏书和电子资源,是主要的知识来源,帮助使用者增加知识面,完善知识结构,提高自身人文素质和信息素质。在研究生期间,应培养学生对所选专业的深入学习兴趣,提升文献资源查阅能力,做好论文检索、文献阅读能力的教学与指导。

交通运输规划类研究生团队应根据专业特点和团队需求,构建团队发展文献资源库。文献资源库包含纸质版及电子版书籍资料,为研究生科研学习提供参考。文献库建设的核心内容之一是选择高质量且与时俱进的书籍,在此过程中,可建立专家选书机制,鼓励学科的学术带头人、专业骨干、团队领队等行业专家支持和参与到文献资源采选工作中来，积极为文献资源库的建设献言献计，出智出力，使他们成为文献资源建设工作中的智囊团和顾问。根据专家对文献资源的意见选购书籍，推进和提高文献资源建设水平。

同时，可定期开展多种形式的荐购活动，调动学习者参与的积极性。学习者的需求是文献资源建设的重要依据，要了解和掌握学习者对文献资源的需求信息，让他们能直接参与文献资源的荐购，不失为最直接、最有效的方法。交通运输规划团队可定期组织开展交流读书活动，收集团队师生的需求信息，及时把握阅读偏好，购买、引进需要的书籍，丰富文献库资源。

交通运输规划团队的文献库还应包括交通专业的行业规范、专著、教材、技术文本、科技论文、硕博士学位论文等，助力研究生基础理论与技能的掌握。为培养交通行业综合性人才，除交通专业相关书籍，团队内还可以购置或筹备其他专业相关书籍，如城市规划、运筹学、经济学、深度学习、计算机编程、大数据分析等，拓宽学习领域，奠定扎实的理论能力。

交通运输规划团队的文献库拥有各类文献资源，为了更有效地利用文献资源，需要对大量的文献进行分类整理，可参考以下思路对文献资源库进行分类管理：(1)按照不同年级分类，在该类文件目录下，包含各年级应该阅读的文献类别，逐步递进，层层深入地学习交通运输规划专业理论知识，实现阶梯式发展。(2)按照不同研究方向分类，可首先按照大类进行划分，例如可大致分为交通运输、交通规划、公共交通、客运枢纽、公路交通、交通安全等类别，在每个大类下再划分为细化的研究方向，例如在公路交通下可设置高速公路运输子文件夹，高速公路研究则可以分为通行能力、控制方法、事故应急等小方向。研究生可依据感兴趣的研究方向选择文献阅读，了解不同方向的发展进程与趋势，确定自己的研究立足点。(3)按照阅读要求分类，可根据专家及导师意见，将交通专业和其他领域的文献划分为必读、精读、泛读等不同要求的类别，帮助研究生确定核心文献和泛读文献，合理分配时间，提高学习效率，快速形成知识模块。

文献资料库建设并不仅仅指建立文献库,还要对文献库进行经常性的更新和维护,才能保持生命力。因此,要注意收集文献资源库数据在使用过程中的反馈信息,及时对数据进行替换、删除、修改和整理,并确定合理的更新周期,保持新颖性,使团队尽早获取最新学术进展信息。

4.3.4 案例库建设

各类交通项目案例资料是交通运输规划类学生重要的学习资源。如何完成项目是每个研究生毕业前应掌握的技能,包括准备项目申请材料、合同材料、汇报材料等。案例资料库对于学习项目和负责项目具有重要的借鉴意义。

案例库建设是一项复杂的系统工程,涉及范围广、影响因素多、时间跨度长、工作难度大,可使用"4S"模式科学、规范地建设案例库,即组织研究团队(Study Team),通过科学流程(Scientific Processes),建设符合质量标准(Standard Qualities)的案例库,并实现成果共享(Sharing Productions)。

1. 案例库建设的研究团队

由于管理活动的广泛性、复杂性,管理科学涵盖领域广、内容深,由单独个人开发案例、建设案例库是不可想象的。一个理想的案例库建设团队应该由第一线教师、研究生、管理实践者、教育专家和案例库维护人员等组成,如图4-1所示。案例开发的主力应该是第一线教师,第一线教师能深刻理解案例教学的需要,从而编写出满足需要的案例。案例库建设团队的负责人应由第一线的权威教授担任。研究生作为第一线教师助手加入团队,在第一线教师的具体指导下从事一些技术性、操作性的工作。管理实践者除了根据自身实践经历亲自编写一些案例外,其重要职责是评阅其他没有管理实践经验的教师编写的案例,提出修改、完善的意见。

教育专家的主要职责,是帮助案例开发者更加准确地理解案例教学的特点和案例编写的要求,为案例库建设提供教育学理论支撑和宏观指导。他们还可参与案例开发质量、案例库建设质量的评估。当开发了一定数量的案例,案例库初具规模之后,需要有案例库维护人员。案例库维护人员主

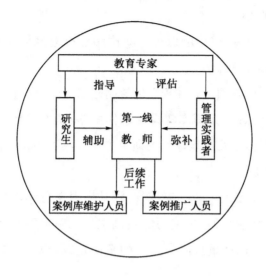

图 4-1 案例库建设团队成员与分工

要负责对案例进行分类、编号、存储;定期清理出过期的案例,提醒原开发者对其进行更新、完善;建设案例库管理信息系统,提供案例检索、传递服务等。

上述成员在团队负责人领导下,合理分工、密切配合、知识互补,才能高效地建设高质量的案例库。

2. 案例库建设的科学流程

一个科学的案例库建设流程应分为五大阶段,细分为十五个具体步骤,如图 4-2 所示。

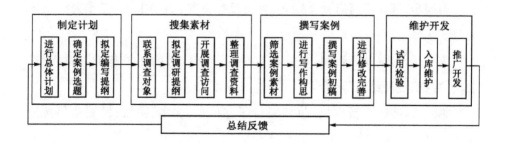

图 4-2 例库建设的科学流程

(1) 制订计划阶段

计划是行动的指南、成功的保证。案例库建设应该认真筹划、周密安排,有计划、有步骤地进行。

第一步,进行总体规划。总体规划应该明确以下内容:①案例库建设的长远目标、阶段性目标;②案例库建设的总体思路、基本宗旨、主要原则;③案例覆盖的研究范围,以及重点建设的研究方向;④案例库建设团队的负责人、成员、分工与职责等。

第二步,确定案例选题。确定案例选题是指根据总体规划确定的阶段性目标,确定本年度(或学期)拟编写的案例主题。确定案例选题应该注意区分轻重缓急。优先选择重点研究方向的案例主题,暂缓选择非重要方向的案例主题。

第三步,拟定编写提纲。拟定编写提纲应该明确以下问题:①难度;②类型,即本案例属于专业型案例还是综合型案例,属于"描述/评审型"案例还是"分析/问题型"案例;③篇幅;④进度。从总体规划到案例选题,再到编写提纲,计划的具体性和细致性越来越强。

(2) 搜集素材阶段

搜集素材是编写案例的基础性、前提性工作。高质量的案例需要有充足、详实的素材。开发一个案例的大部分时间和精力往往用于前期的素材收集。交通运输规划团队的案例大多为项目实践,资料搜集可分为以下步骤:

第四步,搜集项目启动文件,包含招投标资料、启动报告(工作大纲)、合同等。

第五步,搜集调研资料,包括研究项目所在城市的相关基础资料、调查表格、数据、统计结果等。

第六步,搜集项目成果,包括项目研究报告、文本、图册、发表的科技论文等。

第七步,搜集项目评审资料,包括评审 PPT、评审意见、成果鉴定表等内容。

(3) 撰写案例阶段

第八步,筛选案例素材。通过搜集素材,对素材进行深入分析,去粗取精,使之满足案例编写要求。

第九步,进行写作构思。写作构思是具体撰写案例前最重要的思考过程。这一过程需要确定案例的逻辑结构、详略取舍以及问题设计。

第十步,撰写案例初稿。对前期工作成果和思考过程进行总结与整理,形成案例初稿。

第十一步,修改完善案例。案例初稿完成之后,应该首先由案例编写者自己进行修改,然后再交由案例库建设团队中其他成员评阅。在听取他人的意见并对案例进行修改后,最后将案例交给团队负责人审阅,并进一步完善。

(4) 维护开发阶段

第十二步,试用检验。一个案例正式入选案例库前应该有一个试用过程,即将案例用于正式的案例教学,使之接受教学实践检验,然后由案例编写者根据试用结果,进一步对案例进行修改、完善。

第十三步,入库维护。对于正式入选的案例,要根据其对应研究方向进行分类,并按一定的规则予以编号。编号应该能够反映该案例的开发时间、类别等。

第十四步,鉴定更新。对于已经入库的案例,应该定期进行鉴定,淘汰其中已经与当前管理实践完全不相符的案例,修正其中部分不相符的案例。针对实践中出现的新的管理领域和管理问题,如果案例库没有相应的案例,应该想办法予以开发、补充,保持案例库的先进性和时效性。

(5) 总结反馈阶段

第十五步,总结反馈。应该定期对案例库建设工作进行"事后回顾",以总结经验教训,不断改进提高,同时据此调整修正工作计划。

3. 案例库建设的质量标准

(1) 单个案例的质量标准

单个案例作为整个案例库的细胞,其质量决定整个案例库的质量。单

个案例的质量应该满足以下标准:

① 真实性。只有根据真实的管理情景编写的案例才能达到实践教学的目的,实现案例教学的功能。未经实地调研而仅凭一般性的经验或个人主观意志编写的案例,是虚构的管理情景,应从案例库剔除。

② 目的性。案例是为实践服务的,必须与一定的适用对象、适用环境等相对应,具有明确的实践教学目的。

③ 深刻性。在基于事实的前提下,案例应该具有一定的理论高度,有一定的理论与实践相结合的深度。

④ 典型性。案例中描述的交通运输规划问题,应该是实际研究的典型代表。学生通过该案例的学习,可以举一反三,处理类似问题。

⑤ 完整性。一个完整案例应该包括以下几个部分:ⓐ编号。编号有利于对大型案例库进行管理维护、检索利用。ⓑ标题。标题是案例的名称。ⓒ篇首注释。篇首注释一般置于案例首页下方,用横线与正文隔开,通常包括案例编写者姓名与简介等。ⓓ正文。这是案例的主体部分,介绍案例项目的基本情况、背景信息,以及具体的解决方案。ⓔ思考题。这部分列出要求学生阅读材料之后进行思考、讨论的问题。

(2) 整个案例库的质量标准

① 数量丰富。案例数量是否充足是评价一个案例库质量如何的重要标准之一。案例数量太少,就难以称之为"库",而且难以满足教学工作的需要。

② 门类齐全。案例库中的案例应该基本涉及不同的研究方向,例如城市综合交通体系规划、公共交通、交通管理、路网规划、枢纽场站、区域综合交通运输体系、交通战略对策、交通安全、交通设计、交通发展五年计划、工程建设项目可行性研究等多个类别。

③ 更新及时。案例的使用有一定的保鲜期。"每一个案例,都应以关注今天所面临的疑难为着眼点。支撑案例的管理、决策以及教学的原理可能是稳定的、恒常的,但展示的事实材料应该是与整个时代相适应的。"一个高质量的案例库应该及时更新,保持时效性。

④ 符合国情。我国的交通状况有自身的特点，因此案例库中的案例应该以本土案例为主，真正反映中国的交通规划和管理的实际。

4. 案例库建设的成果共享

共建共享是指研究团队内部以及不同的团队之间共同建设一个案例库。每个团队根据自己的特长和优势重点开发某一专题的案例，贡献给案例库，供其他团队免费使用，同时免费使用其他团队开发和贡献的案例，避免案例库的重复建设、资源浪费，实现成果共享。

4.4 国际化教育资源建设

国际化视野是学术团队保持学术敏感度和高水平学术成果的基础，国际化战略的核心是人才培养。为学生提供国际化教育，为学术团体培养国际化人才，对学生和学习共同体而言都是一种必需。培养拥有全球视野的人才是世界一流学术团队的共识。团队国际化是新时代交通运输规划类研究型人才培养的重要基础，团队国际化的内涵包括了五个方面，即学者国际化、学术国际化、学科国际化、学生国际化和管理国际化。

1. 学者国际化

世界一流大学的共识是必须具有世界一流的师资队伍，而要建设世界一流的师资队伍，就必须从全球范围内招贤纳士。要建设国际化学者资源，需要重视教师在学术知识、科研课题、项目开发等方面的国际合作与交流工作。交通运输规划类研究生指导教师团队应由国际化教师团队组成，建设国际化学者资源，既可以聘请海外学科领军学者开展讲座、短期授课以及项目合作，帮助团队掌握国际前沿研究理念、方法，共享学术资源，同时可以选派优秀教师尤其是青年教师去海外访学，寻求国际合作机会。国际化是通向世界一流的必要途径和重要手段，只有具有国际视野、国际水平的教师，才能承担中国特色、世界一流的教学、科研和学科建设，才能培养出一流的人才。

2. 学术国际化

学术国际化不仅肩负知识共享和交流的使命，更契合了国家重大文化战略和彰显当代中国国际话语权以及影响力的诉求[33]。要实现团队的学术国际化可以从以下方面努力：

（1）在"双一流"建设背景下，加强与世界一流大学特色学科的合作与交流。结合学院、学校联合培养计划、个人申请等层面的多样化出国方式，为学生提供博士生公派联合培养、博士毕业出国攻读博士后、硕士生毕业出国攻读博士学位、本科生毕业出国攻读硕士、博士学位、高年级本科生出国交换等适宜的出国机会，做到与国外优质教育资源结合。

（2）立足中国本土问题研究，讲好中国故事。团队应致力于建设中国特色的思想体系，在指导思想、学科体系、学术体系、话语体系等方面充分体现"本土性"，通过国际社会发声讲好我国交通运输规划学科成果，例如城乡公共客运规划方法、大型综合客运枢纽的规划与运营、多模式公交组织与运营、快速城市化进程中的交通规划、混合交通下高速公路交通状态分析方法等，将研究问题置于国际背景中，既要开展"本土性"问题的研究，也要逐步加入到学术国际化的行列中。

3. 学科国际化

建设世界一流大学和一流学科，是党中央、国务院作出的重大战略决策，对于提升我国教育发展水平、增强国家核心竞争力、奠定长远发展基础，具有十分重要的意义。[34]团队应优化研究学科结构，凝练各研究小组发展方向，突出团队的建设重点，创新学科组织模式，打造更多学科高峰，带动学科发挥优势。交通运输规划学科要以交通强国建设为需求，凝练交通运输政策与战略规划、交通运输系统规划与管理、交通运输设施规划与运营方向，拓展智慧交通系统规划、颠覆性技术在交通规划管理中的运用、交通综合治理等新方向。

交通运输工程学科国际化建设体现在课程体系、教学内容国际化，如结合研究生课程组织国际交通经典教材学习、学习双语教学课程等；鼓励学生撰写英文科技论文，并组织参加美国科学院交通研究委员会 TRB 年会、COTA 国际交通科技年会等；结合自主研学讲座、学校讲座等，鼓励学生用英文与国外同行交流科研成果等；实现"引进来"与"走出去"双向互动，引进海外具有突出贡献的学者,引入影响深远的著作,寻求国际交流与合作,融入国际学术场;将自身资源国际化,培养思想深厚、学贯中西的理论家以及踏实拼搏的中青年学者,立足中国特色交通问题及研究,推广中国特色交通研究经验,向国际学界表达中国的智慧,提供中国方案,促进中国学者与国际学界展开平等的对话。

4. 学生国际化

进一步扩大教育开放,推进双向流动,实现学生国际化。加快创建世界一流大学和高水平大学的步伐,培养一批拔尖创新人才,形成一批世界一流学科,产生一批国际领先的原创性成果,为提升我国综合国力贡献力量。[35] 交通运输规划类团队一方面要充分争取各种资源,拓展项目渠道,利用外方奖学金项目、大学生资助项目,鼓励和支持学生海外学习、实习及文化交流,瞄准世界一流大学或一流学科,扩大与重点合作伙伴的学生交换项目,推进学生互换、课程和学分互认、学位互授或联授;另一方面要践行教育开放思想,吸收、接纳更多优秀留学生在团队学习、进修。通过双向流动,打造学生国际化平台,建设国际化团队文化和氛围,使得学生可以实现"国内与国际的平衡",调和文理、沟通中西、放眼世界、虚怀若谷、唯真是求、唯美力修。

5. 管理国际化

树立国际化的教育理念,明确团队国际化的建设方向,制定出相应的国际化规划及制度,完善民主管理;扩大有序参与,加强议事协商,充分发挥每个团队成员在民主决策机制中的作用;落实计划和监督机制,团队成员需要明确自身的发展定位与发展计划,由监督部门督促计划的实施与质量评估;通过开展团队国际评估、建立多元保障机制、拓展国际资源等举措,建设以综合学科为基础、国际资源为条件、制度机制为保障的国际化团队,把握国际研究热点,提升团队管理国际化水平。

第 5 章　人才培养全面质量管理和过程监控

人才培养全面管理应树立"质量形成于全过程"的理念,落实全过程的质量管理,强化过程监控,吸收 ISO9001 质量管理体系的核心思想。交通运输规划类团队应建立"三全一多样"管理制度,即全方位质量管理、全过程质量管理、全员质量管理以及多样的质量管理方法。保证对人才培养全过程的管理和监控,将确保研究生培养质量的关键因素以及过程中的关键环节始终置于受控状态,从目标、计划制订、执行、检查监控及评价总结到反馈,形成覆盖全局、全过程的质量保证和持续完善的闭合环路。[36-37]

全方位的质量管理:科研活动、项目实践、学术能力、教学互动。

全过程的质量管理:学程体系(导师制学生、硕士生、博士生)。

全员的质量管理:监管评价,自评、互评、团队评。

多样的管理方法:PDCA 法,矩阵网格化管理模式等。

5.1　人才培养全方位质量管理

全方位质量管理是从研学体系培养目标出发,对教学过程各培养方案实行过程中人才培养质量进行管理和监控。

5.1.1　理论教学质量监控

理论教学质量监控主要是对交通运输规划相关课程学习的成果进行监控,结合课程教学要素-能力要素矩阵表,建立课程体系与培养体系要求(知识/能力/素质)匹配矩阵,见表 5-1。将每个知识/能力/素质培养达到"导入""巩固""精通"效果的课程与人才培养目标中对应部分进行匹配,明确每门课支撑的知识/能力/素质;并建立相应指标,保证课程体系中对应的知识/能力/素质能够满足指标要求。[38]

表 5-1 课程体系与培养体系要求匹配矩阵

课程模块	课程名称	基础专业知识理论与专业技能	思辨与判断能力	工程实践能力	创新能力	国际视野与跨文化交流能力	核心价值观与社会责任感	……
基础课程	高等数学	导入	导入	—	—	—	—	……
	线性代数	导入	导入	—	—	—	—	……
	概率论与数理统计	导入	导入	—	—	—	—	……
	英语	导入	—	—	—	导入	—	……
	……	……	……	……	……	……	……	……
思政课程	中国近代史纲要	导入	导入	—	—	—	导入	……
	马克思主义基本原理	导入	导入	—	—	—	导入	……
	……	……	……	……	……	……	……	……
核心专业基础类	交通工程理论	导入	巩固	导入	—	—	—	……
	交通分析	导入	巩固	导入	—	—	—	……
	交通规划	导入	巩固	导入	—	—	—	……
	交通控制与管理	导入	巩固	导入	—	—	—	……
	交通安全	导入	巩固	导入	—	—	—	……
	……	……	……	……	……	……	……	……
核心专业基础类	交通流理论	巩固	精通	导入	导入	—	—	……
	交通分析与处理	巩固	精通	导入	导入	—	—	……
	交通工程案例分析	巩固	精通	巩固	导入	—	—	……
	……	……	……	……	……	……	……	……
……	……	……	……	……	……	……	……	……

通过相关课程的学习,配合在线网课学习、书籍与文献阅读构建自主学习的课程体系。在课程进程中应侧重对团队每位成员基础专业知识理论与专业技能、思辨与判断能力两项素质的监控,主要是基础、专业知识理论的体系化,单个研究方向专业理论的深度化以及专业技能中宏微观交通规划编程、仿真工具的掌握和应用。

5.1.2 项目实践质量监控

项目实践经验和知识是互为基础、相互依托的关系,真实的、情境化的实践教育有助于培养学生的项目实践能力、组织与领导能力、核心价值观与社会责任感等。项目实践过程主要包括标准和规范学习、招投标、合同签署、工作大纲、实地调研、文本撰写、与甲方沟通、项目汇报等过程,项目实践质量监控分为进程管理、质量管理、成果审核、会议讨论、项目归档和成果转化六个部分。

1. 进程管理

分为时间节点控制和项目组成员安排。

(1) 时间节点控制

项目组负责人根据项目时长合理安排项目开展计划,并基于项目进度,提交每月项目计划;一经提交,严格按照项目进度安排表开展,如有特殊情况需要变动,需与团队技术管理部门协调。

(2) 研究人员安排

项目立项时初步确定参研人员以及项目任务分工,由团队技术管理部门审核,公布最终安排。

2. 质量管理

按照项目开展阶段划分为规范标准学习阶段、大纲审查阶段、方案讨论阶段、中期汇报和最终成果优化五个阶段。

(1) 规范标准学习阶段

项目组成员收集与项目主题相关的国家规范、行业标准、交通运输部和省市相关文件及规划等,项目负责人组织内部成员共同学习。

(2) 大纲审查阶段

大纲初定后,技术管理部门应当组织项目组和质量审核组开会讨论,邀请本专业研究人员对研究内容和技术路线进行确定。

(3) 方案讨论阶段

以项目组内部成员研讨为主,邀请相关人员参与开会讨论研究内容和方案,项目组需向技术管理部提交讨论成果。

(4) 中期汇报阶段

由技术管理部门主持,校内指导老师和团队全体成员参与,由项目负责人汇报中期成果,团队全体成员点评和提议。

(5) 最终成果优化

由技术管理部组织,团队全体成员参与,并邀请校内外指导老师参会,由项目负责人汇报最终成果,参会团队成员全体点评和提议,反馈修改。

3. 成果审核

成果审核与质量管理相对应,分为大纲、中期和最终成果三个阶段。团队成立质量审核小组,成果在经质量审核小组审核同意后方可最终提交。

4. 会议讨论

项目负责人根据项目进展情况安排讨论会,会议形式不限,每次讨论后应形成会议纪要。

5. 成果归档

项目完成后一个月内,项目负责人应对项目过程进行整理,进行成果(工作大纲、研究报告、文本、图册、PPT 等)归档,上传至团队资源库。

6. 成果转化

项目组完成项目后,应对成果进行整理和转化,包括论文、专利、专著报奖等。

5.1.3 研学活动质量监控

交通运输规划团队研学活动根据主讲人和内容分为大师讲堂、学教讲座和科创讲座三类。大师讲堂是指邀请国内外学术界、工程界顶尖教授、优秀学者、行业专家、杰出企业家等进行团队交流,形式主要有国内外大师讲座、跨学科研讨会、学术研讨活动等。学教讲座主要邀请由团队培养的已毕业的交通运输规划领域中的卓越人才回团队进行项目实践的分享。科创讲座是团队成员互相学习的一种形式,包括组会学习、软件技能培训、项目课题论文预汇报等。研学活动主要包括预习主题、讲座学习、提问环节、互动交流和总结五个要素。

1. 预习主题

团队研学活动部门应提前获知主讲人开展讲座的主题,信息管理部门将讲座主题、主讲人、时间和地点等发布到团队网站和通知群,保证每位成员都能获得该信息。团队成员要对与讲座主题相关的文献、主讲人发表的相关论文等展开研究,提前预习。

2. 讲座学习

研学活动部门负责人主持讲座,团队成员应在讲座前10分钟进场落座,进行会议签到(考核活动的参与度);主讲人讲座开始后,参与人员应保持安静,手机调至静音等,对讲座内容进行认真学习和思考。

3. 提问环节

讲座结束后,团队成员根据讲座内容向主讲人进行提问,应当注意提问方式,问题不宜过多,应能体现自己的思考;以方法论、科学问题的讨论为主,对需要解决的关键方法、技术难点、实践现状、行业发展趋势等进行提问,产生讨论氛围。同时主持人应把控时间,不宜过长。

4. 互动交流

在会后,研究方向与讲座主题相关的成员需主动与主讲人沟通,对本团队或个人在研究过程中存在的困惑展开交流,了解该研究方向的前沿动态等。讲座主题相关研究方向的小组也应及时召开研讨会,思考研究中的关键方法、技术及发展趋势等,不断完善和提升研究内容,保证团队研究不断深入并保持前沿性。

5. 总结

讲座结束后,与会人员总结并思考讲座内容,团队研学活动部门安排人员撰写新闻或活动纪要。新闻经多次审核后上传至团队网站,讲座内容及时发送,供全体成员再学习。

5.2 人才培养全员质量管理

全员质量管理是指对于由硕士研究生、博士研究生到博士后组成的团队全员的监控和管理。研究生未来发展方向根据个人研究志趣、思维优势等可划分为面向科研单位和高校的教学科研型人才、解决实际问题的应用型人才等。不同类别人才的培养方案因人而异,但最终都应达成相应的能力与素质,因此需要形成对应的质量管理体系。

5.2.1 人才个性化质量管理

交通运输规划类人才培养应形成"体系开放、机制灵活、渠道互通、选择多样"的人才培养架构。因此,个性化人才培养过程中会针对研究生个体的知识背景、智商情商和个性特征,确定适合于个体成才的培养计划,从而有利于发挥个体的主观能动性和创造性。个人主动性是创新的基点,而创新是理性思维、逻辑思维、形象思维、直觉思维和灵感思维等思维方式的综合体现,是人才的高层次心理状态。这要求把个性化培养深入到学术品格的心理层次,将个性发展和学术创新紧密结合在一起,并具体化、多样化。因此实施个性化人才培养是培育交通运输规划类创新型人才的重要途径。[39]

在制订个性化培养计划的过程中,指导团队共同引导新生主动思考个人培养计划,确定研究方向。一方面综合考虑个人的兴趣、智力水平、人格特征和原有知识结构等的不同,合理安排课程学习、文献阅读、论文写作、项目实践、研学互动等活动的要求和进度;另一方面明确学术、教学、实践和科研在学程规划中的重要性,保证交通运输规划领域人才在学习过程中能够拥有跨学科、跨专业、跨校(入企)和跨(国)境的学术经历。在此基础上,共同确定学程计划并提出相应指标,具体见表5-2。

表 5-2　研究生学程计划

目标	任务	指标
专业基础与技能	学习公共课程、专业基础课程和自主研学课程；结合技术培训体系，掌握计算机应用等专业基础技能，熟悉机器学习、大数据爬取与分析等基本原理	课程综合成绩 软件实践次数 软件培训次数
	结合项目，进行专业软件学习与实践，如 EMME、TransCAD、VISSIM 等	
	开展软件培训，将实践应用经验传授给新生	
研学互动	协助研学、沙龙、游学、企业文化交流、学术活动开展	讲座考勤次数 学术会议参会次数 组织研学讲座/学术沙龙次数 企业文化交流次数
	参加国际及国内交通规划会议；协助研究方向活动（秘书），组织方向研学活动及资料库建设，参与基金申报或成果报奖	
	组织学术沙龙	
项目实践	参与横向项目，基础资料收集与整理；学习并更新技术导则（读本），谨记国家标准规范	读本修编参与 读本修编负责
	负责项目，制作标书、编写工作大纲并拟定合同，负责与甲方交流、内部汇报及评审	负责/主研项目 标书制作 大纲编写 合同拟定 实地调研 文本撰写 项目汇报
	协调项目，与甲方沟通，整体把握项目进程	项目协调
论文撰写	参加论文撰写培训，学会文献查找、收集、筛选和精读	参与论文写作培训 学术论文篇数 学位论文质量 学术论文级别
	学位论文写作保质保量	
	发表核心期刊或 EI 及以上级别论文	
课题研究	科研模拟申报	科研模拟申报书 科研课题主持 课题报告撰写 基金、报奖材料
	申报课题并主持	
	参与课题研究	
	配合团队研究方向申报基金、报奖材料撰写	
专著教材编写	专著部分章节的资料收集、校核	参与专著本数 主要负责章节数
	主持专著或教材编写工作	
	负责部分章节撰写	

(续表)

目标	任务	指标
组织指导	指导 SRTP、本科导师制学生和本科毕业设计	指导 SRTP 组数、本科导师制和本科毕业设计学生数
	担任团队职能部门负责人	担任团队职能部门 主持文化活动场数
	文化活动组织	组织企业学术交流活动次数

团队每位成员应根据学制对学程计划中的任务进行合理安排,制订个人培养计划,与团队职能监督部门共同对学习全过程进行质量管理。

5.2.2 研究生学程体系质量监控

围绕四维一体培养体系,为更好地协助研究生掌握八项能力,实现学生自主发展体系的构建,适应社会需求多样化和人才全面个性的发展。以三年制学术型硕士研究生为例,学程指导体系根据研究生学制分为三个阶段,各阶段任务如表 5-3 所示。

表 5-3 硕士研究生学程指导体系

目标	研究阶段	任务
专业基础与技能	研一	学习公共课程、专业基础课程和自主研学课程;结合技术培训体系,掌握计算机应用等专业基础技能,熟悉机器学习、大数据爬取与分析等基本原理
	研二	结合项目,进行专业软件学习与实践,如 EMME、TransCAD、VISSIM 等
	研三	开展软件培训,将实践应用经验传授给新生
研学互动	研一	协助研学、沙龙、游学、企业文化交流、学术活动开展
	研二	参加国际及国内交通规划会议;协助研究方向活动(秘书),组织方向研学活动及资料库建设,参与基金申报或成果报奖
	研三	组织学术沙龙

(续表)

目标	研究阶段	任务
项目实践	研一	参与横向项目,基础资料收集与整理;学习并更新技术导则(读本),谨记国家标准规范
	研二	负责项目,制作标书、编写工作大纲并拟定合同,负责与甲方交流、内部汇报及评审
	研三	协调项目,与甲方沟通,整体把握项目进程
论文撰写	研一	参加论文撰写培训,学会文献查找、收集、筛选和精读
	研二	学位论文开题,相关小论文合作撰写
	研三	完成学位论文,发表核心期刊或EI及以上级别论文
课题研究	研一	科研模拟申报
	研二	申报课题并主持
	研三	配合团队研究方向申报基金、报奖材料撰写
专著教材编写	研一	专著部分章节的资料收集、校核
	研二	主持专著或教材编写工作,负责部分章节的撰写
	研三	负责部分章节撰写
组织指导	研一	协助活动组织;指导SRTP和本科导师制学生
	研二	担任团队职能部门工作,主持文化活动;指导本科毕业设计
	研三	担任团队职能部门工作;组织企业学术交流活动

其中研一阶段侧重专业基础理论与技能、批判性思维与逻辑思维能力的达成;研二阶段注重工程实践和解决综合问题能力、创新能力与灵活应变能力、全球合作思维与多元文化交流能力、独立学术与科研能力等的实现;研三阶段应形成系统性的思维模式和方法论,构建自主发展体系,规划制定人生目标。

5.3 人才培养全过程质量管理

5.3.1 人才选拔

人才选拔是指为了团队发展的需要,根据发展目标和研究方向的要求,寻找并吸引既有能力又有兴趣的人员,并从中挑选出适宜人员予以录用的过程。

1. 能力素质模型

人才选拔需要有统一、有效的选拔标准,标准的制定应以心理学以及管理学等相关学科为理论基础,结合人才培养发展要求和团队特性等实际情况,考虑硕士研究生和博士研究生能力素质培养的差异性和相关性,同时涵盖心理素质、个性特点、发展潜力等各方面。能力素质模型是对某方向人才所需要具备的知识、技能、品质和工作能力等能力素质的结构化组合,对能力素质内容和判定都有明确的描述和界定,对人才选拔和培养具有重要意义。为建立符合交通运输规划人才选拔的模型并达到预期评价效果,应设立原则如下:[40]

(1) 导向性原则

选拔目的是为了更好地指引团队未来的发展方向,应当能够对专业人才未来发展起到积极引导作用。因此一般根据未来社会对人才在知识、能力、品德等方面的需求,确定选拔目标体系、指标和权重系数等。

(2) 层次性原则

层次性原则是选拔指标的不同阶段的具体体现,主要把选拔准则分为两个层次:基本层次是指社会中生存及为人处世的最根本要求,主要是道德与诚信,应涵养家国情怀,扎根人民,奉献国家,始终与国家共命运,与时代共融合,具有团队认同感,诚实守信,以德为先等;追求层次则是挖掘内在潜力,注重在德、智、体、美、劳等方面发展的更高要求,主要是知识与创新、团队协作、交流沟通、策划组织及心理健康等方面。

(3) 全面性原则

全面性是指选拔体系中要尽可能展现出素质教育的宏观整体性目标和内容,从多角度反应学生的素质状况。不能仅仅通过专业技能单一指标去选拔,更要关注学生的道德品质、心理素质及社会荣誉感、使命感等,确保其最终成为满足社会需求的人才。

(4) 可行性原则

选拔过程一定要切实可行,具体体现在"可比性""可测性"和"简单性"。

"可比性"是指不同选拔对象之间及制定的标准之间能够相互比较;"可测性"是指能够将定性的能力素质指标转换为定量的评价指标;"简单性"是指选拔指标要力求简化,以简便的操作获取最优的效果。

(5) 个性化原则

素质教育的本质是根据不同人才的特点开展个性化教育。在选拔指标中应能反映出不同个性人才在兴趣、能力、爱好等方面的趋向性,有助于在人才全方位能力素质培养过程中,挖掘个性能力潜质,选拔个性化人才。

根据上述五个原则,通过文献法收集和归纳能力素质特征词汇,采用专家法和问卷调查法等确定能力素质模型,即选拔指标体系,如表5-4。具体指标和权重系数可根据团队发展和行业要求具体确定。

表 5-4 研究生能力素质模型要素指标分析

目标层	准则层	一级指标	二级指标
研究生能力素质综合评价	基本要求层	身心素质	心理健康
			抗压能力
			适应力
		道德品行	人文素养
			品行人格
	能力层	科学素养	研究能力
			社会实践能力
			创新能力
			学习能力
			跨学科知识
		职业素养	人际交往
			计划执行能力
			信息寻求
			主动性
			团队协作
			独立思考
			领导力

2. 选拔过程

人才选拔常用的方法有笔试/机考、心理测试、面试和情景模拟法等,而面试是最常用的一种人才选拔方法。简历初审可以初步掌握申请者的基本条件和知识技能,面试则侧重于对申请者逻辑思维能力、语言表达能力和应变能力的考察。

在交通运输专业人才选拔中多采用半结构化面试方式。由团队成员组成面试小组,提前熟悉申请者简历,便于在面试中有针对性地对履历中所叙述的重点信息进行考察,并根据能力素质模型对申请者进行打分评判。最终根据能力素质模型评分及团队成员是否同意面试者加入来综合判定。

5.3.2 始业教育

学生从本科生过渡到研究生阶段,面临着从基础学习向科学研究型学习转变的衔接问题,还需要适应人际交往模式等的转变。始业教育在广义上为新学习阶段开始时为学生开设的导入性、衔接性教育,是研究生综合教育过程的起始环节。始业教育旨在帮助新生尽快适应新的生活环境,消除陌生感和障碍感,产生荣誉感、集体感和归属感;不仅要实现本科教育与研究生教育的顺利衔接,引导研究生新生转变学习方式和态度,更要结合研究生自身特点,帮助学生认清阶段性目标,制订相应的计划,为创新型人才的培养奠定基础。研究生始业教育体系主要包括思想政治教育、心理健康指导教育、学术道德规范教育、综合能力培养和研究学业生涯规划指导等。

1. 思想政治教育

进行校史、院史及团队发展沿革介绍,使新生能够比较全面地了解团队概况、教学科研能力、人才培养目标和发展方向。培养新生"爱校、爱院、爱团队"的自豪感、主人翁意识和集体荣誉感,帮助新生确立更远大的奋斗目标。开展爱国主义教育,带领新生感受祖国发展的成果和面临的挑战,培养更广阔的视野和思路,使其具有家国情怀。积极发挥新生党员先进性作用,开展新老生党员交流,了解新生们的思想动态,使新生党员及早融入组织生活,同时积极发展新生入党。

2. 心理健康指导教育

研究生心理健康受到越来越多的关注。针对普遍存在的问题，有必要开展心理健康指导讲座，教授情绪管理和缓解压力的途径和方法，帮助新生正确面对挫折与失败，保持积极乐观的心态。组织文化活动，如登高、暴走、素拓、乒羽比赛等，既能锻炼身体，又能消除团队成员间的陌生感、障碍感和孤独感，加强相互之间的交流、信任。

3. 学术道德规范教育

加强学风建设，组织学习学校、学院和团队规章制度，使新生了解各项规定的种类和具体内容，清楚违纪的严重后果。规章制度主要有学校研究生手册要求，团队在日常学习生活管理、项目推进、学术论文、学位论文推进、图文出版等方面的规定，着重学习、规范学术道德，加深理解，帮助学生形成自律、自觉的行为意识。

4. 综合素质能力培养

引导新生结合以需求为引领、问题为导向的知识构建式学习系统，同步进行课程知识单元重组和实施方式的调整。从新生入学开始培养其专业相关领域交叉学习的意识，邀请交叉学科领域专家学者开展讲座，开拓新生眼界；开展论文写作培训讲座、软件技能讲座等专业讲座。培养新生对外交流的意识和技能，邀请有出国留学经历的师兄师姐介绍成功的科研经验、出国申请的技巧和途径，培养具有国际视野的科研人才。鼓励新生参与学校、学院研究生社团活动，积极担任班级职务，实现全面发展。

5. 研究生学业生涯规划指导

从入学开始灌输学业生涯规划的重要性，形成内在推动力。帮助新生认知自我，把握优势和劣势，明确未来发展目标和方向，制定阶段性目标和学习计划。为每位学生建立与学术导师、企业导师等联系的途径，确保学生在学习、科研、实践中的问题能得到及时的解答，实现导师与学生共同制定研究生个性化的学程。

5.3.3 过程教育

研究生阶段学习过程中应强调培养链的管理，实现精细化和规范化管理，建设以提高职业能力为导向的专业学位研究生培养模式和以提高创新能力为目标的学术学位研究生培养模式。规范研究生培养的各个环节，明确提出课程学习、文献阅读、开题、预答辩、答辩、毕业等每个环节的时间节点和具体要求，主要环节见表5-5。

表5-5 研究生培养阶段学习任务

序号	工作项目	内容
1	个人培养计划制定	研究生在导师指导下，结合团队发展方向和自己兴趣制定课程学习、项目时间、论文撰写等培养计划
2	课程学习	根据课程学习计划和培养方案要求结合网络资源，构建自主课程体系
3	文献阅读	根据科学研究和学位论文的工作需要，阅读一定数量的文献，保证文献质量和数量
4	论文开题	在导师指导下，结合自己研究方向和兴趣选择论文选题和制定论文工作计划；邀请专业方向专家学者组成评审组，协助确定选题科学性、可行性和创新性
5	研学活动	研究生应积极参加国内外专业学术会议、专家学术讲座以及研究生学术研讨活动等
6	项目实践	研究生应积极参加项目实践活动，将理论学习转换为实践，并由校外导师对研究生实践情况进行考评
7	中期考核	在研究生课程学习基本结束后，进入学位论文之初，对其思想政治表现、课程学习和科研能力等方面进行综合考核和评定
8	学术论文	根据毕业论文答辩及学位授予的相关要求，结合自己科学研究和学位论文的具体情况发表学术论文
9	学位申请资格确认	以学习成绩、开题报告、所需科研成果是否达标为依据，确认学位申请资格
10	论文评阅	按照相关规定，论文评阅时间不得少于一定工作日
11	论文答辩	研究生达到毕业论文答辩要求即可提出答辩申请；论文答辩委员会对是否通过论文答辩、是否建议授予学位进行投票表决

5.4 人才培养过程管理与评价模式

交通运输规划类团队人才培养过程管理机制架构分为运行机制、监督机制和反馈机制三个子机制。运行机制是运用 PDCA 从课程教学、项目实践、研学活动等方面对人才成长过程进行有效管理;监督机制是依据研究生培养相关制度、培养目标等,运用矩阵网格管理模式,多维监督人才培养各环节;反馈机制是收集在校生、毕业生及社会领域相关反馈意见,动态调整人才培养方案等。

5.4.1 PDCA 活动管理体系

团队管理的模式在现代管理体制发挥着极其重要的作用。团队的组织形式能够促进团队协同工作,减少内耗和不协调作业造成的延搁,相比个体独立工作大大提高了工作效率和成果产出流程。PDCA 循环包括了策划(Plan)、实施(Do)、检查(Check)和处置(Action)四个阶段,是团队质量管理体系运转的基本方式,它用实践方法、技术、工具来策划、控制和改进工作的效果、效率及适应性。策划包括方针和目标的确定,以及活动规划的制定;实施即根据已知的信息,设计具体的方法、方案和计划布局,再根据设计和布局,进行具体运作,实现计划中的内容;检查需要总结执行计划的结果,以问题为导向判断结果正确性,评估效果;处置是对总结检查的结果进行处理,对成功的经验加以肯定,并予以标准化,对于失败进行经验总结。对于没有解决的问题,应延续到下一个 PDCA 循环中去解决。PDCA 循环运作方式见图 5-1。[41]

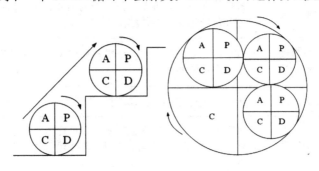

图 5-1　PDCA 循环运作方式

1. 策划（Plan）

对于一个团队的 PDCA 活动管理体系，第一个策划阶段需要做到建立管理组织体系、健全保证相关规章制度、制订相应的人才培养方案及课程教学计划等。

（1）建立管理组织体系

交通运输规划团队应针对现有指导资源、学生兴趣、管理机制等方面的问题，建立由团队指导、组内研讨、资源共享、质量考评等机制构成的科研实践项目管理组织体系，并进行与之相配套的团队实践基地建设、专兼结合教学团队建设等，采用现场教学、项目教学等手段，实现"产学研"一体化。

（2）健全相关规章制度

为实现规范化管理，需要健全相关规章制度，明确各项管理工作的具体内容、操作周期、实施方法、预期效果，在工作实施的过程中注重反馈意见的收集与总结，及时完善办法中的有关规定，增加需要进一步明确的规定。

（3）制定相应的人才培养方案及课程教学计划

通过社会行业背景分析、人才需求状况分析，制定针对交通运输人才的培养规格。教学过程中，应以培养学生独立学习能力为重点，依据人才培养规格及学生的基本情况分析，制定相应的课程教学计划。要求教师在学期初对所教课程进行整体教学设计，明确课程定位及课程目标，组织选取教学内容。此外，应选择合适的教学手段并制订适宜的考核方案，每节课前进行单元教学设计，明确单元教学目的及目标，分析重点难点，结合课程划分知识区、确定知识点，制定各课程相应课题。课题名称要简单、扼要，内容衔接、层次分明，既要体现出知识点，又要体现出知识点在专业知识面中的位置和各知识点与相邻知识点的关系，从而使课题之间不交错、不脱节，衔接紧密完整，形成完整技能训练链条。

2. 实施（Do）

采用理论教学、实践教学与自主研学相结合的一体化教学模式，结合不同课程特点，在充分运用多媒体等现代教学手段的同时，运用现场教学、任务驱动、项目导向等教学方法，让学生身临其境地处于学习的实践氛围中。

精炼课堂教学,活化实践教学,通过科学管理组织教学,使教学更有效果,有效提高学习效率。

主要通过以下"五种行为"来提升教学行为的有效性:清晰授课、多样化教学、任务导向、引导学生投入学习过程、确保学习效率。其中多样化教学指多样灵活地呈现课时内容,包括对学习材料、设备、展示方式及教室空间的灵活运用,多样化教学直接影响学生的注意力和听课效率。对于专业实践课程要根据需求不断吸纳、灵活运用更先进的教学方法,如项目教学法、任务导向法等。

① 项目教学法即紧密联系企业需求,主动缩短与企业实际需求之间的差距,在教学内容中融入更多的企业元素,将教学内容、模式企业化,教学手段现场化,培养学生具有更加接近企业需求的思维方式和实际动手能力,真正做到学以致用和擅用所学,达到学校、学生、企业共赢的局面。

② 任务导向法是指教师确定把多少课堂时间用于实际教授教学任务,并严格遵照 PDCA 循环法的教学流程。教师用于特定课题的时间越多,学生学习掌握的机会就越多。教师引导学生投入学习过程,就是要致力于增加学习和完成任务的时间,要腾出有效时间让学生积极思考、操作、完成任务,这样才能确保学习效率。

通过以上教学手段,学生不仅能很好地理解和把握课程要求的知识和技能,掌握分析问题和解决问题的思想和方法,还可以充分发掘自身潜能,提高学习的主观能动性。针对交通运输规划项目,应根据项目研究对象和研究目标等,确定研究总体思路、研究成果创新点以及所需的关键技术支持,在相关理论、技术、方法查新的基础上进行项目总体设计。活动的实施过程其实也是一个小的 PDCA 循环,包含了项目策划、项目开展、项目检查及项目改进。

3. 检查(Check)

检查从时段上可以分成学期初、学期中及学期末三个阶段。①学期初的教学检查重点检查教师教学准备情况、学生科研学习计划拟定和准备情况、团队发展和日常工作的计划拟定和准备情况;②学期中则主要通过教师自查、学生自评、团队考核来检查教学、学习、科研计划的进展程度和实施效果;③学期末则需进行全面总结,通过学生个人自评、团队成绩考核、教学相长等方面反思并总结课程(题)教学进度、方法、手段的合理性,总结个人计划和团队规划的实施情况和效果。对于效果明显的部分加以规范,提炼形成文件,对存在的问题加以思考。

从检查层次上则可以建立由学生自评、教师测评、团队考核构成的三级监控体系,多渠道、多侧面了解每门课程(题)学生学习情况、教师授课情况、横纵向课题开展情况、学术研究进展与成果发表情况。在形式上采用定期巡查、自查、互查、签到考勤、定期公布、师生相互督促、组织研讨等形式来统计教育教学信息,加强沟通理解,加强监督检查。对于评估检查得到的各种信息,要认真分析、归纳,整理先进经验,形成文件,不断巩固教学与团队发展成果。

4. 处置(Action)

处置阶段是效果反馈和经验积累的阶段。通过上述各项检查、鉴定,并征询各方意见和建议,及时了解教学和团队发展中出现的问题,不断探索、总结经验,将相关信息反映到管理者手中,帮助活动监管部门调整管理体制和机制。对成功的经验加以肯定,纳入人才培养标准;对失败的教训加以总结,以免重现。不断提高教学质量和团队发展效率,并制定新的教学计划和团队整体发展规划,再进入下一轮PDCA循环。

通过PDCA的团队活动控制、管理、评价体系,形成新生始业教育、基础知识强化训练、项目实践技能训练、科学研究能力培养、综合素质拓展提升、毕业就业教育的全过程、全程化培养体系,以及团队整体规划、个人研学计划与总结、个人自评与团队考核、实时反馈不断优化的多层次管控体系。

5.4.2 矩阵网格化管理模式

1. 矩阵组织结构

矩阵组织具有职能管理和项目管理相结合的特点。一个矩阵组织的管理架构有纵向职能管理架构和横向项目管理架构,纵横向管理架构紧密结合、相互作用。其特点主要包括:矩阵的纵向、横向模块垂直贯通,具有同样的管理效力和约束力;各管理模块是协调沟通的,各部分信息是共享共通的,各项目管理人员的管理行为是互动协调的;各个项目实现交叉,达到信息共享、技术共用的效果,最终实现资源的集约利用。矩阵组织有利于建立更加顺畅的信息共享和沟通平台,实现对团队人才的多方位培养和多维度评估。

(1) 纵向职能管理

纵向职能管理是指团队为了实现自治(即自我教育、自我管理、自我服务、自主发展)而形成的职能型组织结构,特点是按照职能来组织部门分工,设置相应的管理部门和职务。该组织结构在人员的使用上有较大的灵活性,保证了团队人员变更过程中管理的连续性,能够培养团队成员责任感、奉献精神,保证团队日常管理的高效、有序。

(2) 横向项目管理

项目是一个广泛应用的概念,狭义的项目是指按限定的时间、费用和质量标准完成特定目标的一次性任务和管理对象;广义上是指一种计划管理,即各种工作的统筹安排、质量监督和时间进度控制等。交通运输规划团队的项目主要包含工程实践、纵向课题、研学活动、文化活动等。项目管理则是创建专门的项目组织结构,指定项目负责人,运用一定的动态控制和动态调整的管理方法实现目标。[42]

矩阵式组织结构是一种混合形式,在职能结构上"加载"了一种水平的项目管理结构,在实践中形成了不同种类的矩阵体系。交通运输规划团队矩阵组织结构如图 5-2 所示。其优点是资源可以在多个项目中共享,团队

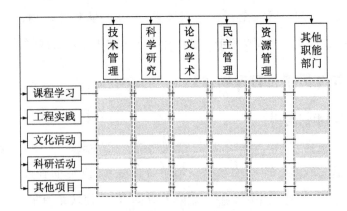

图 5-2 交通运输规划团队矩阵组织结构

中各个成员各司其职,实现多种能力培养。对此,需建立矩阵网络化测评体系,对团队中人才的培养与发展进行全方位监控。

2. 动态测评

学生获取知识的过程是一个实践、认识、再实践、再认识,循环往复的动态过程。学生工程问题解决能力的提升,同样需要经历螺旋式发展,逐步提升。静态测评方式并不适应于螺旋式发展的工程学习规律。

交通运输规划团队网格化管理模式中的学习评价应该更关注动态测评(Dynamic Assessment),既可以及时向教师提供反馈信息,方便改进教学工作,也可以给学生以反馈和回溯的机会,推动学生反思、感悟。与静态测评相比,动态测评一般具有以下特点:①评价对象不同。静态测评是将学生与他人进行比较,而动态测评是以学生学习前后的状态比较为主。②评价焦点不同。静态测评的焦点在于学生的能力以及其在学生群体中所处的位置,而动态测评的重点是学生如何学习,提高学习质量的途径和需要克服的障碍,学习成果提高的幅度。③评价过程不同。静态测评关心学生最终学习结果,对其学习过程不做任何反馈,而动态测评关心学生的整个学习过程,会对其学习表现予以反馈。④评价者角色不同。静态测评的评价者保持中立状态,不进行任何干预,而动态测评的评价者在学生遇到困难时会给予帮助,促进学生学习方式发生改变。动态测评更加注重评价的个性化、定制化,有助于推进交通运输规划类创新创业人才的培养。

5.4.3 监督反馈体系

建立完善的自我评价机制和质量保证体系,在研究生培养的各个环节进行必要的质量评价,有利于及时发现培养过程的薄弱环节,及时反馈和处理有关信息,使培养过程更加规范化和科学化。

1. 团队民意调研

团队民意调研面向团队全体在读硕士研究生、博士研究生、博士后、本科导师制学生,采用问卷调查的方式,每学年开展一次。民意调研的内容包含但不限于团队职能部门工作、个人发展、团队环境与文化、国际化道路、团队发展建议等方面。

职能部门工作的意见征集应包含但不限于主题活动开展、横向课题与纵向课题的管理、科技论文发表管理、信息平台建设、例会讲座组织、资源管理、软件技能指导培训等内容；个人发展的意见征集应包含但不限于研究方向与研究兴趣、团队研学讨论组织、学期个人总结与发展计划、与导师的讨论交流、团队融入情况、硕博士过程管理、个人发展需求等方面；团队环境与文化的意见征集应包含但不限于学习工作环境、信息发布、硬件设施、温情传送活动等方面；国际化道路的意见征集应包含但不限于国际交流参与形式、参与阶段、参与时长、对团队发展的帮助等方面。

2. 毕业生追踪调查

建立毕业生追踪调查机制，主要采用直接访谈法，对历届毕业生就业去向、工作单位和岗位、毕业生对团队培养的评价和建议等内容进行访问，并调查用人单位对毕业生的评价与要求，建立毕业生、企业数据库。根据毕业生、企业反馈意见，动态调整培养方案和课程设置等。

3. 社会反馈意见调查

人才培养要适应科学技术和社会生产的发展，紧密关注社会职业结构的变化和企业岗位结构的新动向，随时调整专业计划、课程结构和内容，保证教育培养体系能够促进人的发展，能够主动满足行业和人才需求。交通运输规划类科研型人才和应用型人才培养过程中要个性化动态调整学科内容，着眼社会需求。广泛征集交通运输部门、交通运输规划领域专家学者、企业管理人员等的意见和建议，实时调整人才培养过程中、管理中各环节的内容和措施，动态改进培养模式，保证交通运输规划领域人才能够持续、快速、健康地发展。

第 6 章 Bluesky 人才培养体系与教育资源建设

6.1 Bluesky 团队建设

Bluesky 是 1996 年开始建设的研究生团队,坚持"文化引领、研学驱动、自主创新,产学研一体化"的团队发展模式,以交通科学理论发展和交通文化传播为己任,构建了以博士后和博士研究生为科学研究骨干,硕士研究生为中坚力量,SRTP 和本科导师制学生为重要组成的研究梯队,形成了城市交通规划、区域交通运输及交通信息、安全与模型三大研究集群。团队设置自主发展委员会,依托全员矩阵式服务管理和全过程网络化多元动态测评和监督保障体系,实现每一位 Bluesky 人的自我教育、自我服务、自我管理和自主发展。

Bluesky 依照自身研究领域与特点,形成三个方向的专项研究小组:城市交通规划与设计团队、运输系统规划与管理团队以及智慧交通与模型团队。各团队具有明确的研究方向,由组长组织成员定期开展组会,把握各成员研究动态。组内成员经常围绕研究的科研和工程项目,开展研学互动,主要包括导读本和规范的自学、讲解、提问、答疑、互动、点评与总结等环节,并开展经典书籍、重大课题及学术论文的学习与交流活动;及时跟踪国内外各领域的最新研究动态,积极参加国际学术会议、国内技能培训,参与国际国内相关研究项目的申报和合作项目的竞标等。成员们互相交流经验,解决问题,开拓创新,形成了较为完善的自主研学模式。

6.1.1 城市交通规划与设计团队

城市交通规划与设计团队源于 Bluesky 工作室创立之期,是工作室历史悠久、基础坚实、优势明显的研究团队。自 2009 年团队整合之后,形成了由博士后—博士研究生—硕士研究生—本科 SRTP 组成的一支人员结构合理、研究体系明确的研究团队。

城市交通规划与设计团队以基础理论和应用研究创新为核心,通过研学互动、学术研讨、项目实践与讨论等方式开展科研创新活动,提倡与交叉学科的交流,包括与南京大学建筑与城市规划学院、东南大学法学院、城市与建筑遗产保护教育部重点实验室等进行合作研究。

团队的理论和应用研究方向主要聚焦于城市交通与土地利用互动发展、城市道路网规划与设计、城市公共客运交通规划与运营组织、城市轨道交通网络规划设计、城市慢行交通规划、城市静态交通规划与管理、旅游交通规划、城市绿色交通技术政策、中小城市交通综合治理方法等方向。

团队建立了以国家及省市级纵向课题研究为引领,横向科技咨询服务为支撑的产学研一体化研究体系,并形成了专著和教材、博硕士学位论文和科技论文、技术咨询报告等形式的系列性研究成果。近年代表性成果主要有《城市交通规划(第二版)》《城市步行与自行车交通规划》《城市多模式公共交通运行协调优化方法》《城市客运枢纽规划与设计》等专著;承担了"全省综合交通体系建设的存在问题、重点任务及思路举措""江苏省中小城市交通综合治理规划导则及技术指引""江苏省城市慢行交通规划编制研究""江苏省城市发展绿色交通技术政策研究"等多项省部级科研项目,其中"江苏省城市慢行交通规划编制研究"获得江苏省建设优秀科技成果奖;完成了"雨花台风景名胜区交通组织研究""中国·赣榆新建欢乐海岸美食城项目交通影响评价报告""无锡市太湖低碳创新示范区规划交通专项""淮安白马湖规划控制区综合交通规划"等技术咨询项目;在 Transportation Research Part A, Transportation Research Part C, Transportation, Journal of

Advanced Transportation，Transportation Research Record 等 SCI 源刊及《现代城市研究》《规划师》《城市交通》等核心期刊上发表一系列研究成果。

6.1.2 运输系统规划与管理团队

运输系统规划与管理团队自 2009 年 11 月成立以来，已经构筑了明确的发展战略、产学研合作机制，并专注核心理论和关键技术的建设，取得了一系列标志性成果，形成了由博士后—博士研究生—硕士研究生—本科 SRTP 组成的结构合理的链式研究体系。

运输系统规划与管理团队以研学互动、学术交流、项目研讨等方式开展了一系列科研创新活动。研学互动包括国内外经典文献专著的导读、重点专题的研讨、专业软件学习以及本科毕业设计与 SRTP 指导，帮助多名本科生和 SRTP 学生获得优异成绩；学术交流包括跟踪国际前沿研究，进行论文写作指导，凝练发表高水平学术论文；项目研讨方面，积极与国内外同领域研究团队(日本中央复建工程咨询株式会社、中交第一公路勘测设计研究院、江苏省交通规划设计研究院、南京市城市与交通规划设计研究院、江苏省交通科学研究院)建立产学研一体化机制，进行课题合作与交流。

团队的理论和应用研究方向主要聚焦于城市轨道交通线网规划、区域综合运输体系规划、运输经济与运营、公路运输枢纽班线组织设计、高速公路运行分析与管理、综合客运枢纽规划与设计、城市与城乡公共客运规划与组织等方向。

团队建立了以纵向课题研究为引领，横向科技咨询服务为支撑的产学研一体化研究体系，并形成了专著和教材、硕博士学位论文和科技论文、技术咨询报告等形式的一系列标志性研究成果。近年代表性的成果主要有《干线公路与城市结点衔接交通规划方法与应用》《城乡公共客运发展机理与组织方法》《轨道交通运营初期公共交通系统优化方法》《城市轨道交通网络演变机理及生成方法》《城乡公共客运规划与组织》《城市多模式公共交通运行协调优化方法》等专著；编写了《交通运输工程学》《城市客运枢纽规划与设计》等教材；完成了"快速城市化地区城乡公共客运运行组织优化研究"

"淮安市现代有轨电车运行安全保障技术研究""温州市县道公路网调整规划及相关课题研究""中央型铁路综合客运枢纽交通组织及规划设计研究与应用""江宁区城乡公共交通统筹发展策略研究""无锡轨道交通1、2号线开通地面公交线网调整规划"等多项科研及技术咨询项目;正在开展"高平市综合交通规划""赣州市农村客运规划"等项目。

6.1.3 智慧交通与模型团队

交通信息系统的建设及大数据理论的快速发展,促使交通领域中许多技术概念的内涵发生了巨大变化。Bluesky 工作室自 2017 年团队整合后,设立智慧交通与模型团队,基本形成了由博士后—博士研究生—硕士研究生—本科 SRTP 组成的结构合理的链式研究体系。

智慧交通与模型团队以夯实基础理论、提升创新能力为目标,通过研学互动、学术交流、项目实践与讨论等方式开展了一系列科研创新活动,积极组织学习交通建模理论与相关建模软件,指导多组本科毕业设计与 SRTP。学术交流包括跟踪国际前沿研究,积极参加国际学术会议,建立与国外团队的交流机制,共同开展学术研究,并与国内同领域研究团队课题合作与交流,团队成员开展定期研讨与不定期实时交流,积极参加国内技能培训,参与国际国内相关研究项目的申报和合作项目的竞标。项目研讨方面,积极与国内同领域研究团队(江苏纬信工程咨询有限公司、江苏省交通规划设计研究院、南京市城市与交通规划设计研究院、苏州规划设计研究院)建立产学研一体化机制,进行课题合作与交流。

团队的理论和应用研究方向主要聚焦在交通建模、大数据、人工智能、数据挖掘、深度学习等方向。通过开展一系列交通建模理论与软件应用方面的培训,提升成员交通分析软件的应用和二次开发能力。

团队近年主要承担了江苏省交通运输厅重大科技专项"沪宁高速公路超大流量路段通行保障关键技术研究与工程示范"、江苏省教育厅"基于步行出行模式的土地利用混合指数开发""交叉口群交通状态识别方法研究"等多项科研项目。

6.2 四维一体

Bluesky 坚持把立德树人作为根本任务,对学生的培养始终遵循"以学生成长和发展为中心"的教育理念,把思想政治工作贯穿教育教学全过程,实现全程育人、全方位育人,构建有利于学生成长和发展的四维一体培养体系。从"价值塑造、人格养成、能力达成、终身发展"四个维度创新人才培养体系,以培养学生发展的能力为目标,促使学生实现专业成才、精神成人和创新成长。

6.2.1 价值塑造

Bluesky 工作室注重理想信念教育,在中国特色社会主义进入新时代的背景下,以社会主义核心价值观为引领,以红色文化、传统文化、创新文化以及革命精神作为价值观引导,注重在课程与实践经历中传承中国先进的思想文化,塑造正确的价值观与人生观。为此,Bluesky 工作室要求学生在"1＋4＋X"课程体系中全方位发展,丰富自身经历,实践跨专业、跨学科、跨校、跨境、入企的"四跨一入"培养模式。

Bluesky 工作室主要从事于交通运输规划方向的科研与工作,形成了交通领域下不同专业方向的研究团队,如城市交通规划团队中旅游交通、慢行交通、中小城市综合交通治理等方向,运输系统规划与管理团队中轨道交通、公交网络、综合枢纽等方向,以及智慧交通与模型团队中高速公路运行、交叉口群协同等方向。各研究团队成员在项目的实践与研学过程中仍学习主专业之外的其他专业知识与基础理论,因而能够较为完整地认识交通领域的发展与问题。

Bluesky 工作室注重各学科、各专业方向间教育资源的统筹配置与利用,鼓励学生跨学科、跨专业选课,形成专业特色鲜明、多学科立体交叉的课程体系。Bluesky 工作室已与多学科研究团队如南京大学建筑与城市规划学院团队、东南大学法学院团队、东南大学艺术学院团队、南京大学地理信息研究团队等建立了长期的研究合作。在合作中团队成员互相了解不同院系、学校的学习研究模式,扩展知识领域,交叉融合,形成独立见识。

以交通与法律学科融合为例,"交通法"是随着现代交通运输行业发展和城市交通问题显现而出现的一门新兴的法学交叉学科,它运用跨学科的研究方法,系统、综合地研究交通规划、建设、运营、管理中的法律现象及其规律。该学科的主要特色是学科间的交叉融合,既涉及与交通相关的车辆、土木、环境、管理、信息、保险等学科,也涉及行政法、民法、刑法等法学内部学科。成立专业的"交通法"教学与科研团队,积极开展政学产研的协同创新,是培养复合型、应用型交通法人才的重要保障。

1. 东南大学交通法研究方向介绍

东南大学交通法团队成立于2012年,充分借助本校以理工为主、多学科协调发展的学科优势和特色,通过法学与本校强势的交通学科交叉,形成了由法学专业教师与交通运输工程专业背景教师构成的交通法跨学科教学团队。团队目前由"全国十大青年法学家""长江学者特聘教授"周佑勇教授领衔,主要成员包括过秀成教授、孟鸿志教授、顾大松副教授、李煜兴副教授、杨洁副研究员、刘启川博士。在年龄结构上,已形成老中青阶梯化的合理教学研究队伍。

2. 东南大学交通法治与发展研究方向

东南大学交通法治与发展研究中心由东南大学法学院与东南大学交通学院共同组建,于2012年3月由东南大学批准成立,2012年7月被江苏省交通运输厅授予"江苏省交通运输行业政策法规重点研究基地",是主要从事交通运输行业发展政策、交通与法律的交叉学科研究、交通法律咨询、交通法律人才培训等工作的教育研究机构。中心以国内重大交通运输发展和交通安全问题为出发点,以服务交通运输发展为主要目标,力争建设成具有国内领先研究水平、世界上有影响力的交通发展政策与法治研究、高层次交通法制人才培养基地,成为东南大学交通与法律领域"政、学、研"相结合、"理、工、文"交叉研究的高水平创新平台,为促进我国交通运输事业发展作出积极贡献。

3. 课程建设与教学模式

面向本科生及研究生,开设强调理论性与实用性相结合的"交通法""交通与法律"专业选修课程。该系列课程涵盖交通运输领域所涉及的规划法、工程法、运输法、安全法、环境法等相关法律,教学与研讨内容注重法理、法条与案例三者的有机结合,使学生能够系统掌握交通法律法规的体系构成、法条内容和制定依据。课程开设的目的是使学生在掌握各部门法专业理论的基础上,结合交通运输规划与管理学科的基础知识,融会贯通,正确理解与运用交通法律制度,妥善解决交通运输活动及其管理活动中出现的问题与纠纷。

团队在课程建设与教学过程中,不断深入掌握社会对交通法复合型、应用型人才知识结构和实践能力的需求,逐步研发及调整课程内容,形成具备基础性、综合性和前沿性的"交通法"特色教案;创新教学模式,构建团队式跨学科教学组织与教学方式,设立"双师制"授课方式和沙龙式"交通与法律论坛";探索实践教学,以交通行政主管部门与法律实务部门为依托,搭建培养综合创新能力的立体化实践教学平台;从而形成"交叉、团队、实务"三位一体的复合型、应用型交通法律人才培养的新模式、新形式与新机制。

4. Bluesky工作室"交通法"人才培养基地建设情况

Bluesky工作室与东南大学交通法治与发展研究中心展开深入合作,工作室依托东南大学交通法治与发展研究中心平台(图6-1),构建由法学专业

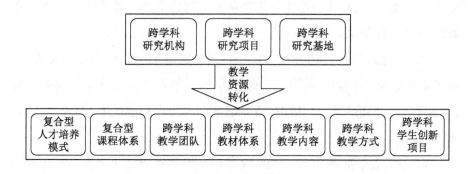

图6-1 "交通法"复合型人才培养平台建设

教师与交通运输工程专业背景教师组成的交通法跨学科教学团队,在共同致力于跨学科研究与项目合作的同时,共同承担相应的跨学科教学任务,从而形成了"交叉学科建设、跨学科研究与复合型人才培养"创新平台与教学支撑环境。

6.2.2 人格养成

Bluesky 工作室以文化引领和研学驱动两大动力促进学生们的人格养成,以社会需求为导向,培养学生全面发展的素质与能力。坚持以文化人,雅致达人,学序教人,活动悦人,树立学生健康积极、开拓进取的人格意识。

1. 文化引领

Bluesky 工作室成立 20 余年,始终注重文化活动的建设与传承,每年组织十余场各类文化活动,每场活动中的策划、组织、参与和回顾都对学生们的能力与思想有着提升与促进的作用。如今工作室每年已形成若干固定文化活动,以保证精神价值的统一与工作室文化的传承。

红色文化是扎根中国大地的最本质与最广泛的文化。工作室积极贯彻中国特色社会主义思想,注重"不忘初心、牢记使命"的思想教育,组织过雨花台烈士纪念活动和"长征源"红色教育活动,让学生了解中国革命历史与革命精神,播种红色基因,培养家国情怀。

每年的登山与环湖活动是工作室的传统项目。工作室成员在游历山水景观的过程中提升阅历,养成自然审美情趣,感悟人与自然和谐相处的关系。这样的经历能够引导学生在未来从事交通行业的工作中更加注重山水观念,注重自然价值。

为形成尊师重教、师生和谐的氛围,工作室定期组织学术思想交流会、教师节活动、新生迎新以及毕业生欢送活动,在活动中注重经历与感悟的分享,加强师生之间的交流与情谊,培养学生们成为有感恩之心、包容之心、团结之心的人。

Bluesky 工作室还将乒羽比赛、文化创意大赛等竞技比赛作为文化活动的重要组成部分,以期提高团队成员身体素质与竞争意识,培养学生对社会价值、规则及制度体系的正确认识,寓教于乐地让学子们在活动中完善自身认知体系,不断自我进化与自我超越。

2. 研学驱动

Bluesky工作室不断完善与创新自主研学体系。在自主发展管理体系下,学生学术科研活动可以得到充分的指导与监督,以团队整体学术氛围感染个人,帮助学生较早地进入有序的科研状态,形成规范严谨的治学之风。

工作室在纵横向项目管理方面,除安排项目组长负责外,还安排创新发展部以及博士研究生进行指导并把控各环节进度。研究小组定期自主组织讨论,采用会议纪要制,便于全体成员学习与后期新工作开展的经验借鉴。成员们能在自主交流的环境中发现问题,学习知识,解决问题,体现出工作室对知识学习与实践能力同步成长的重视。

工作室定期组织学术科教讲座,收集学生们的学习诉求与技能需求,邀请各行各业的学者、专家、企业家进行讲座,让学生面对面地感受大师风范,把握国家发展与科学技术的前沿动态;也邀请毕业工作的师兄师姐返校交流,就从事的相关领域工作进行讲解汇报,与成员们交流工作中面临的实际问题,指导在读学子的学习方向。通过这些专家学者的言传身教,让成员们领悟到多种人才的思想观念,开拓胸襟,打开眼界,避免囿于狭隘的思维圈子,形成更为理性开放的人格风范。

6.2.3 能力达成

Bluesky工作室设有完善的培养模式,分别针对学术型硕士、专业型硕士以及博士研究生设置符合其发展目标的培养要求。以"做中学、学中悟、悟中行、行中研、研中创"五步学习法为指导,通过培养方案的制订与实施实现对学生基础知识理论、专业知识理论与专业技能、思辨与判断能力、工程实践能力、独立学术与科研能力、创新能力、组织与领导能力和国际视野与跨文化交流能力的培养,最终具备社会主义核心价值观和社会责任感。

1. 学术型硕士培养过程

学术型硕士研究生申请硕士学位前必须满足以下条件之一:

(1) 至少在 CSCD(核心期刊)发表论文 1 篇(含录用),其中作者必须为前两名。

(2) 发表 EI 源刊论文 1 篇(含录用),或发表学术会议论文 1 篇(EI 检索,须出具 EI 检索证明),其中作者必须为前两名。

(3) 发表 TRB(Transportation Research Board)会议论文 1 篇(含录用),其中作者必须为前两名。

(4) 发明专利 1 项(授权或受理)。

围绕四维一体培养体系,为更好地协助硕士研究生掌握八项能力,实现学生自主发展体系的构建,以适应社会需求多样化和研究生全面且个性化的发展为目标,Bluesky 工作室拟定了研究生学程指导体系。以三年制硕士研究生为例,学程指导体系根据研究学制分为三个阶段,针对不同目标各阶段任务参见表 5-3。

其中研一阶段应侧重基础知识体系构建、逻辑思维能力、发现与解决问题能力及资料收集与处理能力的达成;研二阶段应注重工程实践能力、科研创新能力、语言表达与人际交往能力、组织协调能力等的实现;研三阶段需形成系统性的思维模式和方法论,构建自主发展体系,规划制定人生目标。

1) 研一阶段

(1) 多层多向、模块化的基础知识与技能学习

修满学位课程学分,如东南大学要求理工类学术学位研究生最低修满 26 学分,其中必修课程最低学会要求为 12 学分,其余为选修课程学分。交通学院学术型研究生主要课程有中国特色社会主义理论与实践研究、学位英语、交通规划理论与方法、数据分析与建模、最优化理论与方法等,见表 6-1。

(2) 阅读经典教材、技术导读本

Bluesky 工作室要求团队成员精读《城市交通规划》《城市公共交通运营、规划与经济》、Bluesky 城市交通规划读本、城市交通设计读本、公共交通规划与设计读本、交通管理与安全读本、法律读本、枢纽读本等。

表 6-1　学术型硕士研一阶段学习计划

	学校课程	课外学习
公共课程	中国特色社会主义理论与实践研究	课程思政与思政课程
	学位英语	托福考试
基础课程	数值分析、数学分析与建模	计算机编程,人工智能大数据应用等,参加数学建模竞赛等
专业课程	交通工程理论、交通规划理论与方法、交通流理论等	阅读经典教材及专著
交叉课程	城市规划、经济管理、计算机等专业开设课程;现代交通系统与城市空间发展、发展理论与城市空间等	学教讲座拓宽视野,阅读交叉学科领域经典书籍或网课学习

(3) 学术论文培训与写作

① 参与论文写作培训,学会文献查找、筛选、精读;

② 参加论文审阅培训,掌握学术论文写作的结构逻辑;

③ 与研究团队硕、博士生联合发表论文,熟悉学术论文发表流程;

④ 根据本科毕设或 SRTP 撰写小论文,实现研究成果提升与转化;

⑤ 培训和辅导 SRTP 与本科毕业设计学生开展项目或论文破题、文献检索等,参与过程指导。

(4) 横向项目实践

① 参与导则(读本)更新,熟悉交通运输工程领域及相关行业的规范、规程、技术标准;

② 参与横向项目,负责收集整理相关资料、会议纪要及文本撰写等;

③ 参与学习横向项目中的技术实践。

(5) 纵向科研课题

① 科研模拟申报,注重申报书撰写格式规范性、严谨性,掌握科研项目

申请流程和主要内容,加深对科学问题的认识;

② 参与纵向课题,负责收集整理相关资料、会议纪要及文本撰写等。

(6) 专著教材编写

① 参与章节资料收集、文本撰写;

② 负责章节格式、错别字校核等。

(7) 组织与指导

① 指导 SRTP 一组;

② 对接本科导师制学生一人;

③ 参与本科毕设指导。

(8) 研学互动

① 协助组织学教讲座一次及以上;

② 协助月文化活动一次及以上;

③ 协助学术沙龙一次及以上;

④ 协助企业文化交流活动一次及以上。

2) 研二阶段

(1) 自发委任职

① 认真履行自发委工作职责,保证服务质量。

(2) 论文写作

① 完成学位论文开题;

② 撰写与研究方向相关的学术论文一篇及以上;

③ 与研究团队硕、博士生联合发表论文一篇及以上;

(3) 横向项目负责

① 主持一项横向项目;

② 制作标书、编写工作大纲及拟订合同;

③ 负责调研计划制定及组织安排;

④ 负责软件实践应用;

⑤ 项目汇报;

⑥ 负责项目成果产出,专利、学术论文写作等安排;

⑦ 结合项目实践，开展软件培训讲座。

(4) 纵向科研课题

① 与博士生一起负责纵向课题的申报与主持；

② 负责纵向课题中部分内容的撰写；

③ 负责成果转化。

(5) 专著教材编写

① 主持或与博士研究生共同主持专著及教材编写工作；

② 负责部分章节的编写及审核。

(6) 组织与指导

① 继续对接本科导师制学生；

② 负责指导本科毕业设计一人。

(7) 研学互动

① 承担研究团队秘书职责，与组长共同组织研学活动；

② 主持一次文化活动；

③ 参与一次国际学术会议交流或国内行业规划发展年会。

3) 研三阶段

(1) 自发委任职

① 认真履行自发委工作职责，保证服务质量；

② 根据切身实践为自发委工作提供建设性意见。

(2) 论文写作

① 高质量完成学位论文；

② 发表或投出学术论文一篇及以上；

(3) 横向项目协调

① 协调项目，参与项目指导；

② 整体把握项目进程；

③ 监督项目成果产出。

(4) 纵向科研课题

① 负责与个人研究方向相关的课题内容的撰写；

② 参与课题指导。

(5) 专著教材编写

① 结合学位论文方向负责部分章节撰写。

(6) 组织与指导

① 继续对接本科导师制学生。

(7) 研学互动

① 组织学术沙龙一次及以上；

② 组织一场企业学术交流活动。

2. 专业型硕士研究生能力培养过程

1) 培养方式选择

专业型硕士研究生培养采用"1+1.5"方式，即第一阶段为课程学习阶段，在东南大学完成专业基本理论和方法的学习；第二阶段为"工程实践和论文撰写阶段"，该阶段由学生和导师共同讨论后，从以下三种模式中选择最适宜的一种进行后续培养。

(1) 本校研究团队培养

参考本校学术型硕士培养过程，学生在完成基础理论与方法学习后进入研究团队，直接参与团队导师负责的横纵向科研项目，并根据项目经历选择合适的研究方向，完成学位论文。

(2) 产学研联合培养

联合苏州市规划设计研究院股份有限公司、江苏中设集团股份有限公司、中设设计集团、南京市城市与交通规划设计研究院有限责任公司、中咨城建设计有限公司等积极探索建设集产学研于一体的优秀学生实践基地。学生完成一年的国际联合课程学习后，进入以上校级实践基地进行项目实践训练，解决交通运输工程中的技术问题。采取"双导师"制，学生在校内导师和企业导师的共同指导下依托企业项目实践完成学位论文。

(3) 硕博连读培养

参考国际化培养模式和本硕博一体化培养方式，对于科研兴趣浓厚、学习成绩优异的学生，可在完成规定的课程学习后，执行硕博连读培养方案。硕士阶段结束时，学生申请东南大学博士入学资格考核，符合条件后可直接进入博士阶段学习，或申请澳大利亚蒙纳士大学等国际一流院校攻读博士学位，拓展国际视野，促进跨文化交流。

2) 东南大学—蒙纳士大学联合培养硕士生能力培养过程

(1) 研一年级

发展目标：夯实专业知识与基础理论，提升工程项目实践能力。

① 高质量完成英语桥培训及 12 门专业课程学习；

② 配合课程阅读学习经典专著、技术导读本、经典教材、规范条例、政策文件等；

③ 参与论文及项目文本评审，掌握学术论文和项目写作的基本规范要求；

④ 结合教学资源及本科毕业设计进行纵向课题探索，初步培养发现问题、分析问题的能力，参与纵向课题申报 1 项；

⑤ 参研 1 项横向课题；

⑥ 参与 1 部教材修编或撰写工作；

⑦ 参与 1 次国际学术会议交流或国内行业规划发展年会。

(2) 研二年级

发展目标：专注研究方向，提升项目实践能力。

① 进入工作室或校外实践基地，参与 2~4 项工程项目实践，深化工程项目实践经验，力求在实践过程中能够提出建设性意见；

② 系统学习交通专业相关软件，熟练掌握其操作并在实践中不断深化理解；

③ 结合课题申报、论文检索以及项目实践，进行学位论文开题工作，进行开题汇报；

④ 撰写并发表学术论文 1 篇及以上；专业型硕士研究生申请学位前必须满足发表一篇校庆论文集以上论文要求（学办出具收录证明）或达到学术型硕士研究生申请学位要求；

⑤ 结合科研及项目实践经历，成为工作室研学活动主讲 1 次及以上。

(3) 研三年级

发展目标：提升学术科研能力，汇编与传承学术成果。

① 以撰写毕业学位论文为主，结合毕业学位论文研究成果，完成中期答辩和预答辩各1次；

② 在相关项目研究中承担项目协调的角色，参与研究小组的各阶段讨论，协助项目质量管理。

硕士研究生能力的阶梯式培养过程参见表6-2。

3. 博士研究生分阶段能力培养过程

Bluesky团队在博士研究生培养过程中全面落实交叉融合、兼容并蓄、自主创新和止于至善的理念，坚持提升博士研究生综合素质"一条主线"，稳定博士研究生和博士后研究人员"两支队伍"，强化学术创新、组织领导和国际交流"三种能力"，健全基础技能训练、学术理论素质养成、前沿理论延伸和研究成果汇总"四项环节"，搭建理论化实践、多元化研讨、国际化交流、成果化展示、矩阵化服务"五个平台"，落实项目质量、论文等级、课题研究、专著撰写、团队建设和成果汇报"六组考评"。

以提升博士研究生综合素质为根本立足点，在完善基础技术的基础上，全面培养博士研究生创新能力、组织领导能力和逻辑思维能力，提升博士研究生综合素质，适应社会多元化的人才诉求；

以提升学术论文质量为主攻方向，提供多元化的学术论文指导，强化博士研究生自主创新能力，提升博士研究生发表SCI、EI、TRB以及世界运输大会等高等级学术会议论文的比例，核心级别论文更多来源于工程项目实践总结；

以标志性研究成果为主要抓手，加强学术研究链的建设，鼓励申请国家级纵向课题，在博士毕业论文中提出的代表性研究成果、学术论文、专著和纵向课题研究成果之间要形成良性互动；

以海外联合培养作为基本动力，继续增强与海外交通研究团队的合作关系，建立长期合作机制，推进工作室公派留学与联合培养，使每位博士研究生均参加到海外交流活动中。

具体的培养过程可以分解为以下几个阶段：

表6-2 Bluesky硕士研究生阶梯式能力培养过程表

年级	序号	培养内容与目标	专业基础与技能	独立思考能力	实践能力	组织能力	领导能力	科研能力	创新能力	时间周期(月)
										上学期: 9,10,11,12,1,2,3,4 / 下学期: 5,6,7,8
研究生一年级	1	修满学位课程学分	○							
	2	阅读经典教材、技术导读本		○						
	3	参研1~2项横向课题		○	○					
	4	参研1~2项相关科研课题		○	○			○	○	
	5	参与1部教材修编或撰写工作	○					○	○	
	6	结合本科毕业设计撰写1篇学术论文	○							
	7	指导1组以上本科SRTP		○		○	○		○	
研究生二年级	8	开展论文检索与阅读,确定主要研究方向,完成学位论文开题		○						
	9	主研1项及以上纵向研究课题,负责1项及以上横向项目,并在其他相关项目中承担项目指导的角色			○				○	
	10	结合项目实践经验发表核心以上等级学术论文1篇及以上			○			○	○	
	11	以项目成果、专著编写或者小论文撰写等为主题完成1次及以上工作室科研学活动的主讲				○	○		○	
	12	指导1人以上本科毕业设计		○		○	○			
研究生三年级	13	参与1次国际学术会议交流或国内行业规划发展年会							○	
	14	1篇高质量毕业学位论文撰写,通过中期答辩和预答辩各1次		○		○	○	○	○	
	15	发表核心以上等级学术论文1篇及以上						○	○	
	16	在相关项目研究中承担项目协调的角色		○		○	○		○	

(1) 提前攻博阶段(硕博连读生)，主要健全基础技能训练。硕士一年级以硕士培养模式为主，进行基本技能培训和工程实践锻炼。硕士二年级加强学术思维逻辑锻炼，参与纵向课题的研究和教材的编写工作，发表核心及以上等级的期刊1篇及以上。

(2) 博士一年级，加强学术理论素养养成能力。明确研究方向，负责横向课题1项，参研纵向课题1项，参与教材书稿、专著编写工作，结合研究方向和硕士阶段工程实践特色，发表核心及以上等级学术论文1篇及以上。加强组织协调能力，担任学术研究团队研究小组负责人工作，组织协调研究小组的工程项目和论文发表的计划安排和时间节点管理，担任自主发展委员会职能部门工作，负责制定职能部门年度发展计划。

(3) 博士二年级，提升前沿理论延伸能力。开展学术论文的查阅，强化对研究方向最新前沿发展的把握，深化实验室纵向课题研究，参研相关研究方向的横向课题，负责学术团队的建设。负责纵向课题1项，参研纵向课题申请1项，参与相关研究方向专著的撰写，二年级开学初期完成学位论文开题工作，在开题前应发表学位论文方向核心及以上等级学术论文1篇及以上。工作室汇报学术前沿成果1次及以上，开题汇报1次。提升团队建设领导能力，担任学术研究团队负责人工作，制定团队研究方向年度发展计划，组织团队学术讨论。

(4) 博士三年级，重点汇编学术研究成果。以博士学位论文形式总结攻读博士学位期间的学术成果，以发表高水平期刊的形式提炼标志性研究成果，以专著形式展示博士研究链和工作室积累的特色成果，指导团队博士二年级研究生进行学位论文开题报告的撰写。博士研究生应发表SCI及以上等级学术论文2篇及以上，依托毕业论文形成或合著专著1部。工作室汇报学位论文研究成果2次及以上。

6.2.4 终身发展

学生在经历价值塑造、人格养成以及能力达成各维度下的培养后，能够树立远大理想与家国情怀，养成自主学习、不断发展的思想认识，依靠正确积极的价值观,不断带动自身正向提升,养成完善自我的目标追求。学生也能依靠完善的知识储备基础,在未来的工作科研中形成自主发展策略与自主发展体系,最终实现终身发展。

6.3 分类课程设置

Bluesky工作室为引导学生树立正确的思想价值观,培育学生综合能力与创新精神,在东南大学交通运输规划专业理论课程设置的基础上,结合Bluesky培养要求,从学科基础、学科专业、校企合作和课程思政四个方面对硕博士课程提出新的要求,融合自主研学模块,帮助学生完善知识结构,建立知识自主发展体系。

6.3.1 学科基础课程

基础课程作为交通运输规划类人才知识体系构建的砥柱,需要学校与指导教师根据社会要求,为学生制定最基本的知识学习方案,保证学生能够打下坚实的基础,为之后的专业研究提前做好知识储备和认知框架搭建。

东南大学交通运输规划专业培养方案要求硕、博士研究生在校期间以工程数学作为专业基础课程,掌握基本的数学建模与数据分析能力,如表6-3所示。

表6-3 东南大学交通运输规划专业研究生专业基础学位课程设置

研究生类别	课程名称	学时	学分	授课方式	考试方式
硕士研究生	数据分析与建模	54	3.0	面授讲课	笔试
本科直博生	数学模型	54	3.0	面授讲课	笔试
	数据分析与建模	54	3.0	面授讲课	笔试
博士研究生	数学模型	54	3.0	面授讲课	笔试
	应用泛函分析	54	3.0	面授讲课	笔试

除完成学校规定的课程外,Bluesky工作室建议研究生以构建学科基础知识模块为目标,选择学习数据结构、信息技术与软件编程、数据分析与处理、运筹学、系统最优化理论与方法、随机系统等课程,通过多门基础课程的学习,较为全面地掌握交通运输规划所需的基本数据分析能力。

为能够将学习的知识投入实际应用,增强操作能力,Bluesky工作室还要求学生积极参加各类竞赛、自主研修前沿讲座。同时学生团队内部定期开展学教讲座,针对实际科研或实践中所需的编程语言、软件应用、建模思路等方面内容进行讲解,共同研学,同步成长。

此外,Bluesky工作室要求学生自主进行技术导读研学,学习并更新工作室编制的交通类读本:城市交通设计读本、城市综合交通体系规划读本、公共交通规划与设计读本、交通管理与安全读本、交通政策与法规读本、区域综合交通体系规划读本。在编制与研读的过程中了解交通行业最基本的相关规范、设计方法,奠定扎实的专业基础,培养规范性思维。

6.3.2 学科专业课程

交通运输规划类专业课程的设置为学生传授基本的专业知识,同时学生根据自身兴趣和研究方向,可以选择合适的高阶专业课程,培养交通专业思维模式,提升交通问题分析能力。

东南大学针对交通所必需的专业知识,对硕、博士研究生在校期间设置专业必修课程,具体要求见表6-4。

除完成学校规定的相关课程外,鉴于交通运输规划类专业的学科交叉发展趋势,Bluesky工作室要求学生合理选择跨专业课程,包括城市规划学、社会学、经济学、地理学、心理学、法学以及计算机等,成为具有交叉学科背景、能够解决综合交通问题的人才。这类课程的选择要考虑到交通专业与其他学科的连接点、整合点,保证多学科的有机融合。教师团队针对相关专业知识设计适合个人知识体系发展的课程模块,帮助学生寻找正确的切入点,引导学生进行学科交叉实践。

表6-4 东南大学交通运输规划专业研究生专业必修学位课程设置

研究生类别	课程名称	学时	学分	授课方式	考试方式
硕士研究生	交通工程理论	54	3.0	面授讲课	笔试
	交通规划理论与方法	54	3.0	面授讲课	笔试
	城市交通网络分析	36	2.0	面授讲课	笔试
	交通流理论	36	2.0	面授讲课	笔试
跨校联合培养工程硕士	现代道路设计原理与方法	54	3.0	面授讲课	笔试
	交通运输系统定量化分析方法	54	3.0	面授讲课	笔试
	交通运输系统规划	54	3.0	面授讲课	笔试
	道路交通安全	54	3.0	面授讲课	笔试
	交通运输系统模型	54	3.0	面授讲课	笔试
本科直博生	城市交通系统规划理论	40	2.0	面授讲课	笔试
	现代交通管理基础理论	36	2.0	面授讲课	笔试
	交通工程理论	54	3.0	面授讲课	笔试
	交通规划理论与方法	60	3.0	面授讲课	笔试
	城市交通网络分析	36	2.0	面授讲课	笔试
	交通流理论	36	2.0	面授讲课	笔试
博士研究生	城市交通系统规划理论	36	2.0	面授讲课	笔试
	现代交通管理基础理论	36	2.0	面授讲课	笔试

Bluesky 工作室始终积极建立并保持与其他学科团队的交流,在专业课程的学习过程中,与其他学科团队开展自主研学,包括实践讲座、学术报告等形式。这种交流有助于学生真实接触并认识不同学科人才的思维模式与专业知识,促使学生在专业课程学习过程中进行自主思考、提问、收获并反思,形成正向反馈机制,不断修正自身研究过程中的认识误区。

为保证学生在学习专业课程的同时,能够对行业前沿科技有着清晰的把握并逐步形成学术写作能力,Bluesky 工作室在设置专业课程的同时,还为学生设置文献研读、论文写作等方面的课程。这类课程在每学期以学教讲座的形式,对学生的文献检索技能、文献研读技巧以及研读报告撰写等方面进行教学。课程以工作室在读研究生内部交流讨论的形式开展,由具有相关经验的研究生进行主讲,课堂之外对学生自主研读文献作出一定要求,定期开展研读汇报,同一专题要进行资料整理。目前该自主研学模块已包括交叉口群控制、停车管理、公路网规划、历史城区交通规划、城市轨道交通、高速公路仿真、高速公路限速研究等方面内容,学生可以像学习课程一样,依照各专业方向资料所制订或推荐的方案进行自主学习。

6.3.3 校企联合课程

校企联合课程是以培养学生实践能力为导向,激发学生创新精神为目标而设置的课程,旨在为学生搭建校园与企业之间过渡的桥梁,基于具体项目和具体案例,提高学生的工程实践能力、工程设计能力与工程创新能力。

Bluesky 工作室根据多年来的校企合作经验,与企业工作站共同建设课程、共同进行教学、共同改进方法,为工作室研究生提供一系列的课程培养,形成具有特色的校企联合课程。部分校企联合课程名称、学时、课程内容和负责单位如表 6-5 所示。

开设校企联合课程是培养研究生工程实践应用能力最直接的教学方式,在此基础上,Bluesky 工作室结合自主研学体系,综合运用团队学习、案例分析、实践研究、模拟训练等方法,加强实践能力的培养。

表 6-5　校企联合课程设置情况

课程名称	学时	学分	课程内容	负责单位	考核方式
综合交通运输体系发展规划	12	1.0	介绍包括城市发展趋势、交通特征与问题分析、发展目标与战略制定、运输体系方案规划、近远期建设计划等方面的综合交通运输体系发展规划内容；进行包括综合交通基础设施建设、综合运输服务建设、智慧绿色平安交通建设、治理体系和治理能力建设等方面的相关问题探讨	南京市城市与交通规划设计研究院股份有限公司	综合项目
停车系统规划	12	1.0	介绍停车系统规划的流程及重点，结合具体项目从项目背景、现状问题分析、供需预测和规划对策、近远期规划方案、实施建议等方面介绍实践案例	江苏省城市规划设计研究院	笔试
中小城镇交通综合治理规划与管理技术	12	1.0	结合实际规划案例，从交通工程设计、客运站交通组织、交通信号设置、停车等方面介绍方法技术	江苏中设集团	综合项目
城市交通建模与分析技术	12	1.0	介绍城市交通建模的基础理论，结合具体城市交通模型讲解 TRANSCAD、EMME 等常用交通建模软件的使用方法	苏州规划设计研究院股份有限公司、江苏省城市规划设计研究院	实验设计
大数据技术在交通运输行业的应用	12	1.0	介绍大数据在现状交通需求分析、未来交通需求预测和后评价等方面的应用；并探讨多源数据融合技术、大数据应用规范、大数据与传统交通规划方法的辩证关系等方面的相关问题	江苏纬信工程咨询有限公司、南京市城市与交通规划设计研究院股份有限公司	实验设计

(续表)

课程名称	学时	学分	课程内容	负责单位	考核方式
综合客运枢纽交通组织及规划设计	12	1.0	介绍综合客运枢纽的基础理论,结合实际交通工程项目,对枢纽地区出行需求预测、设施规模预测、交通组织、语言标识、运营管理、建筑景观等方面技术体系进行介绍	江苏中设集团	笔试
城市道路交通精细化设计	12	1.0	介绍精细化交通设计方面的内容,包括道路功能设计、道路断面设计、平面交叉口设计、道路沿线交通设计、慢行交通设计、公共交通设计、交通与景观协调设计、交通稳静化设计、交通安全设计等	中咨城建设计有限公司	笔试
城市交通规划案例分析	24	2.0	结合实际规划案例,从交通战略规划、综合交通规划、对外交通规划、城市道路网规划、轨道交通规划、常规公共交通规划、城乡公共交通规划与运营组织、出租车发展规划、停车规划及慢行交通规划等方面介绍城市交通规划方法	苏州规划设计研究院股份有限公司、江苏省城市规划设计研究院	笔试
城市交通工程案例分析	24	2.0	结合实际交通工程项目,对城市交通功能分析与综合改善规划、交通影响分析、交通组织规划、道路交通工程设计等方面技术体系进行介绍		笔试

6.3.4 "1+4+X"的课程思政体系

Bluesky工作室为提高学生政治水平,提升学生思想格局,将社会主义核心价值观贯穿于课程教学全过程中,力求培育能为祖国建设奉献力量的人才。

"交通工程案例分析""现代交通运输管理基础理论"作为工作室教师团队打造的两门融合理论与实践的经典课程,在课程思政的要求下进行重新设计。该课程侧重于要求学生综合运用已掌握的专业知识,围绕价值塑造、能力培养、知识传授三位一体的课程建设目标,在课程内容中融入并体现与家国情怀、法制意识、社会责任、文化自信、人文情怀、工程伦理、工匠精神等社会核心价值观相关的德育元素。通过关键环节的典型案例等教学素材的设计和课程教学、研讨互动,帮助学生树立科学的发展观和工程意识,提升社会责任感与家国情怀,在典型案例的学习与研讨中弘扬和培育学生的工匠精神,同时树立良好的工程伦理观念。

现阶段,"交通工程案例分析"课程包括城市道路网规划、城市轨道交通线网规划、常规公共交通规划、城乡公共交通规划及运营管理、出租汽车交通发展规划、城市公共停车规划、城市步行与自行车交通规划以及城市交通组织与交通工程设计等环节,各环节都以实际交通工程实践项目为载体,引导学生关注中国社会基本国情,培养解决中国交通实际问题的意识,树立规划过程中的绿色、生态和科学的价值观,提升社会责任感与家国情怀。

6.4 资源建设

6.4.1 Bluesky人才培养基地建设

Bluesky工作室基地根据实践基地等级分为研究生工作站、研究生校外实践基地、项目实践基地,主要集中在长江三角洲城市群及南京都市圈地域范围。工作室在基地进行的实践项目涵盖城市综合交通、区域运输与管理、交通安全与信息等方面,具体来说工作室在城市综合交通规划、城乡公共交通一体化规划、区域公路网规划、农村公路安全以及高速公路运营等领域开展了持续的项目实践活动,积累了丰富的工程实践经验,同时在南京都市圈范围形成了以镇江、无锡、苏州、宿迁、马鞍山、滁州等城市为代表的综合培养实践基地。

6.4.2 Bluesky工作室企业工作站建设

1. 苏州市规划设计研究院研究生工作站

苏州市规划设计研究院股份有限公司成立于1992年3月,立足长江三角洲地区,与交通工程专业对口,发展稳定,是一所具有建设部核准的城乡规划编制甲级资质、工程设计行业(道路工程、桥梁工程)专业甲级资质、工程设计建筑行业(建筑工程)甲级资质,同时还具有国家文物局核准的文物保护工程勘察设计乙级资质的综合性设计院。自建院以来,累计完成规划、建筑及市政设计项目1 800余项,获国家、部、省、市奖励的优秀设计300余项。同时,还获得江苏省科委、工商局、科协授予的AAA级江苏省信誉咨询企业(机构)的荣誉称号。符合Bluesky工作室企业研究生工作站建设单位要求。

(1) 导师团队

Bluesky工作室聘请樊钧、徐瑗瑗、潘敏荣、张钰等作为苏州蒙纳士硕士研究生的校外导师,导师团队具有优秀的硕士研究生培养能力。

(2) 工作站活动

Bluesky工作室与苏州市规划设计研究院之间定期组织讲座论坛、项目实践及毕业论文等方面的活动,邀请工作站校外导师、实践指导老师参与到研究生实践活动及毕业设计中去,对研究生的实践与科研能力进行培养,举办技术发展分享会、工程案例交流会以及学术研讨会等。

(3) 培养学生

已共同培养东南大学-苏州蒙纳士大学硕士生16名,并在校企联合课程设置、教材建设等方面形成了良好的联合培养研究生的基础。

(4) 合作课题

Bluesky工作室与苏规院交通所合作完成项目《苏州市高铁新城交通规划研究》,共同撰写《现代有轨电车交通线网规划与运行组织方法》专著与《交通工程案例分析》教材。

(5) 培育人才

工作室成立以来已为苏州市规划设计研究院培育8名硕士,共发表论文十余篇。

2. 江苏中设集团股份有限公司研究生工作站

江苏中设集团股份有限公司成立于1986年10月,具有公路行业(公路、特大桥梁)专业设计甲级、市政行业(道路工程、桥梁工程、城市隧道工程)专业设计甲级、风景园林专项设计甲级、工程咨询(公路、市政公用工程)甲级、工程监理(公路工程、市政公用工程)甲级、工程勘察(岩土工程、工程测量)专业甲级等多项甲级资质。公司成立以来,获得过多项国家、省级优秀设计项目,具有江苏省高新技术企业、江苏省工程勘察设计行业诚信单位、江苏省信誉咨询企业AAA级单位等多项认证,符合Bluesky工作室企业研究生工作站建设单位要求。

(1) 导师团队

Bluesky工作室聘请朱永、杨震宇等8人作为苏州蒙纳士硕士研究生的校外导师。

(2) 工作站活动

Bluesky工作室与江苏中设集团之间定期组织讲座论坛、项目实践及毕业论文等方面的活动,邀请工作站校外导师、实践指导老师参与到研究生实践活动及毕业设计中去,对研究生的实践与科研能力进行培养,举办技术发展分享会、工程案例交流会以及学术研讨会等。

(3) 培养学生

已共同培养东南大学-苏州蒙纳士大学硕士生3名,并就校企联合课程设置、教材建设等方面形成了良好的联合培养研究生的基础。目前正在拟定创新型实践课程建设和交通运输工程案例型课程建设实施方案,以及关于铁路综合客运枢纽方向的培养计划。

(4) 合作课题

工作室与江苏中设集团股份有限公司建立了长期合作关系,合作开展了无锡公路网规划、无锡对外交通规划、无锡公交规划、地铁开通初期地面公交调整规划、中央型铁路综合客运枢纽规划设计及交通组织研究、无锡硕放机场集疏运体系规划等一系列合作项目和"高速公路与城市快速路一体化规划关键技术研究"等课题研究,并已经在路网规划、枢纽运输与组织、公共客运体系等方面建立了明确的合作方案。

6.4.3 Bluesky 工作室教师资源建设

Bluesky 工作室积极引进各类教学师资资源,拓宽学生视野,提升学生专业素养,同时加强团队紧密合作,形成高质量教师资源。大师亲炙,举办了 130 余场大师讲堂,包括全国勘测设计大师、江苏省设计大师等,涵盖了交通、法律、心理、艺术等多专业大师讲座、跨学科研讨会、学术研讨活动等;名师指点,学生开题邀请国内一流老师引领、指点辅导,累积邀请了 200 位国内外高校教授、学科带头人、企业界高层次领军人才,主要参与了学生的论文指导、校企联合课程和教材建设、合作科研研究等;良师相伴,已聘请了 50 多位校外指导老师,校内导师团队由来自交通规划、交通法、城市规划、交通地理信息、智能交通等多学科的专家构成,建立可持续性指导团队体系。Bluesky 校企联合培养实行双导师团队制,全过程、全方位参与学生的指导和人才培养,从中设设计集团、苏州市规划设计研究院股份有限公司、江苏中设集团股份有限公司、成都市规划设计院等多所研究生工作站中选聘了 30 多位校外实践指导老师,指导学生项目实践和课题研究,共指导了 40 位工程硕士、20 位专业硕士。

6.4.4 Bluesky 资源库建设

1. 软件库建设

Bluesky 工作室拥有较多的正版专业软件使用权,供团队成员学习和完成项目使用,其中包括 AutoCAD、MATLAB、EMME 以及 AIMSUN。

Bluesky 工作室每年会组织成员参加由上海吴宋美加公司组织的 EMME 软件基础培训班,学习使用路网编辑器和数据管理工具对 EMME 项目数据进行操作,使用 Modeller 运行模型程序,在 Modeller Logbook 中对结果进行分析研究，使用 Worksheets 生成地图和图表，以及上机操作掌握各个模块的功能。此外部分成员通过参加 AIMSUN 培训课程，学习路网模型编辑（包括路段和交叉口、交通需求、交通控制、公共交通等）、动态建模、静态建模、结果分析、交通管理措施、行人仿真和 3D 编辑，实现软件的快速入门。

在项目实践及科研过程中，工作室成员结合实际需求选择应用相关软件进行分析。在高平市综合交通体系规划项目使用 EMME 完成了交通"四阶段"模型的建立，实现了交通分布、交通流量的分配及可视化。滁州市综合交通规划、苏州市轨道交通预测等项目中均使用 EMME 进行出行预测。孔德文博士的毕业论文《大型车对多车道高速公路交通运行影响研究》中利用 MATLAB 搭建基于元胞自动机的高速公路车辆跟驰与换道行为模型，仿真分析了大型车辆对基本路段与入口匝道区段运行的影响。

2. 文献资料库建设

Bluesky 工作室成立 23 年来购置收集图书 800 余本，拥有大量的图书资源，包括交通专业的工具书、规范、杂志、读本、工作室出版的教材专著以及根据个人需求购入的图书、项目报告、工作室成员的硕博士论文等。目前，工作室已经累计出版教材专著 33 本，涉及交通运输、交通规划、公共交通、客运枢纽、公路交通、交通安全、交通影响评价、项目可行性分析等多个方面，为工作室成员提供了丰富的学习资源。

同时工作室将每年 11 月设为图书购入月，由每位成员提供想要购入的书籍名称，工作室统一购买。现有的购入图书资源种类丰富，除交通工程类书籍外，还涵盖城市规划、运筹学、经济学、深度学习、编程、大数据分析等相关学科的书籍，拓宽了学习领域，更有利于培养全方面发展的人才。

纸质书籍分类存放在工作室的书柜中，用标签加以区分，定期整理，更新现有图书目录，对新增的图书贴上图书编号。电子书籍在工作室的 FTP 上设置专门的文件夹，分类存放各类书籍，实现资源共享。

3. 案例库建设

团队承接过 100 多个纵向课题、横向项目，包括城市总规、公共交通、交通管理、路网规划、枢纽场站、综合交通、战略对策、交通安全、交通设计、五年计划、工程可研等多个类别。

工作室的共享网站收集了各类项目的案例资料,覆盖从项目的申请到结题汇报过程。同时建立了项目索引清单,可从索引中查询到项目所在目录。在图书目录中,有大量的项目文本,记录了工作室历年来承接的各类项目,当有同类别项目时,可前往电子或图书资料库查询,参考资料,借鉴经验。

第 7 章　Bluesky 人才培养制度及运行机制

7.1　Bluesky 组织管理体系建设

7.1.1　组织结构

Bluesky 工作室成立自主发展委员会并始终以团队成员的"自我学习、自我服务、自我管理、自主发展"为宗旨。在不断探索与前行的过程中,自主发展委员会组织架构日趋稳定,力求实现程序化运作与规范化管理,使自发委工作覆盖到团队发展及个人成长的方方面面。各部门职责划分明确,配合协调,共同完成工作室的日常管理与服务工作。[43]

7.1.2　职能划分

Bluesky 团队自主发展委员会履行职责主要包括全面负责团队党建,制订团队发展规划、年度发展计划,凝练科研方向,统筹硕博士学业管理,建设资源平台、文献库、案例库等,组织研学活动,活动管理等。具体工作职责划分如表 7-1 所示。

表 7-1　Bluesky 工作室自主发展委员会工作职责划分

职能分类	服务职责
团队发展规划	团队党建工作、团队发展规划与建设

(续表)

职能分类	服务职责
团队活动管理	团队活动管理、督导各部工作及对外联谊、创新创业教育
研究团队建设	研究团队发展规划、研究团队活动管理、硕博士研学活动管理
科学研究	纵向课题管理、研究进展管理、专著推进
技术服务	横向科研项目管理、技术服务体系建设与管理
信息咨询	信息搜集发布、对外宣传联络与网站建设,SRTP过程管理
自主研学	自主研学体系建设、教材推进
民主管理	团队与个人考核、规章制度建设与完善、考评机制建设
资源建设	团队资源建设与管理、海外及工程博士生管理、课程建设及导师宣讲材料管理、例会活动策划组织、校外实践基地与研究生工作站建设
学术	学术论文管理、学术活动组织管理、学术成果管理
团队文化建设	团队文化建设、文体活动策划与组织、团队文化创新与传承
资产管理	资料库建设、资产管理、资料管理、对外事务管理、内务管理、后勤服务保障
博士年级长	博士生培养过程管理
硕士年级长	硕士生、工程硕士、本科导师制学生培养过程管理、始业教育、本科毕设过程管理

7.1.3 民主调研与民主测评机制

为了了解工作室成员对工作室工作开展情况的满意程度及对工作室发展的意见或建议,以更好地建设Bluesky工作室并服务每个成员的个人发展,践行"自我教育、自我服务、自我管理和自主发展"的服务宗旨,完善

Bluesky 工作室各部门管理职责，工作室每年度都会对各部门工作进行考评。民主调研与民主测评的常规工作包括 Bluesky 工作室民意调研与部门工作民主考评两项。

1. 民主调研

Bluesky 工作室民意调研面向 Bluesky 工作室全体在读硕士研究生、博士研究生，主要以问卷调查的方式开展，可结合具体情况辅以座谈会、个别访问方式。调研的内容包含但不限于自发委工作、个人发展、工作室环境与文化、国际化道路、工作室发展建议等方面。

自发委工作的意见征集应包含但不限于自发委主题活动开展、横向课题与纵向课题的管理、科技论文发表管理、工作室网站等平台的建设、例会讲座组织、工作室资源管理、软件技能指导培训等内容。

个人发展的意见征集应包含但不限于研究方向与研究兴趣、团队研学讨论组织、学期个人总结与发展计划、与导师的讨论交流、工作室融入情况、硕博士过程管理、个人发展需求等方面。

工作室环境与文化的意见征集应包含但不限于工作室学习工作环境、工作室信息发布、工作室硬件设施、温情传送活动等方面。

国际化道路的意见征集应包含但不限于国际交流参与形式、参与阶段、参与时长、对工作室发展的帮助等方面。

由民主管理部负责征集意见的统计与整理，并将调研结果反馈至各部门，跟进意见的改善情况与建议的落实情况。

2. 民主测评

每届自主发展委员会任期满时，在该届自发委完成工作述职后，以考评表的形式进行部门工作民主考评。考评内容为各部门的职责完成情况，具体职责参照该届自发委部门工作职责划分。对各部门工作的满意度划分为满意、较满意、一般、不满意四个等级。自主发展委员会部门工作民主考评结果将作为自发委改进部门职责、提升部门效能的重要依据。

7.2 Bluesky 团队科研质量监控

7.2.1 科研活动质量监控

　　Bluesky 工作室长期坚持研究型教育体系及"教学与科研相结合"的教育培养模式，在团队科研活动中推动工作室成员进行科研教育、科研创新、科研成果产出等。科研活动依托 Bluesky 工作室城市交通规划与设计方向、区域运输规划与管理方向、智慧交通与模型方向开展，以凝练核心研究方向、拓展研究领域、培育高水平的原创性成果、培养具有国际视野、国际竞争能力和创新能力的研究型人才为目标，完善由博士后、博士生、硕士生、本科毕业设计学生、SRTP 学生和导师制学生共同构成的团队研究链。

　　团队科研活动内容包括教材、导则、规范、软件技能等自主研学、个人阶段性研究成果交流、团队纵向课题进展或专著编写研讨三类。团队负责人统领团队科研活动的策划、组织与主持工作。

　　博士后、博士生、硕士二年级以上（包括研二年级）学生要求参加本团队的研讨活动，硕士一年级学生、本科毕业设计学生、SRTP 学生、导师制学生和即将进入工作室的大四成员除了参加本团队活动之外，每月至少参加一次其他团队的研讨活动。

　　各方向科研活动至少两月三次，活动地点不限。每次科研活动要求拟定 1~2 个研讨主题，并提前在工作室公告栏发布相关信息。活动结束后及时将《Bluesky 工作室团队科研活动记录表》提交至创新发展部，并根据导师与创新发展部反馈意见完善团队科研活动形式与内容。

　　各团队凝练团队科研活动学习成果，协助自主研学部建设工作室研学资料库，根据自主研学部安排每学年完成导读、规范类学习、软件技能培训、相关领域毕业生回访讲座等。

　　各团队配合科学研究部完成专著编写与纵向课题管理工作，每学年至少申报 1 项纵向课题，出版 1 部专著或完成 1 项纵向课题。

个人科技论文投稿之前,需以阶段性研究成果交流形式经团队内部审核。学术部将统计各团队学年发表论文情况并予以公示。

各团队密切关注信息咨询部发布的校内外讲座、会议信息,每学年团队负责人组织团队成员参会学习至少 2 次,并在团队科研活动中交流学习心得。

7.2.2 科技论文质量监控体系

Bluesky 工作室鼓励在读成员发表科技论文,转化硕博论文研究成果,响应工作室硕士生培养"六个一"、博士生培养"九个一"的研究生培养指标。为进一步加强和规范工作室科技论文管理,提升科技论文质量,Bluesky 工作室制定如下科技论文质量监控体系:

1. 论文发表规定

论文发表要求在东南大学关于学术论文发表的各项文件和规定的基础上加以补充和深入,对科技论文级别进行要求,建议发表高水平期刊或会议。硕、博士研究生各阶段应根据学程体系制订计划,结合研究方向课题(项目)进展、学位论文,开展小论文撰写。

2. 论文发表流程

论文撰写:结合研究方向与个人兴趣,以研究团队年度计划为基础,有计划地撰写论文。论文主体部分由个人原创完成,坚决杜绝抄袭剽窃行为。依据《Bluesky 论文投稿指南》,初步确定投稿的期刊或者会议。

论文审阅:由相关课题组两名及两名以上成员审阅通过,其中至少一名为博士生。

论文投出:按照投稿的期刊或者会议要求的格式进行排版并投稿,提交论文投出稿件进行统一备档。

3. 论文发表要求

(1) 硕士研究生

① 硕士一/二年级研究生:在重要/核心期刊,以第一作者或以导师为第一作者,并以东南大学名义,发表 1 篇以上学术论文;可以有 1 篇国内、国

际学术会议论文；

② 硕士三年级研究生：在重要/核心期刊，投出 2 篇与学位论文内容相关的学术论文；

③ 鼓励并资助更高级别国内外重要与核心刊物发表。

（2）博士研究生

按照学校要求，必须发表 2 篇 EI 收录源期刊论文，或者 1 篇 EI 收录源期刊论文与 2 篇《东南大学学位与研究生教育重要刊物目录》中要求论文。

① 博士一年级研究生：发表 1 篇 EI 收录源会议论文，或 1 篇《目录》中要求论文；

② 博士二年级研究生：发表 1 篇 EI 收录源论文，或 2 篇《目录》中要求论文；

③ 结合课题成果或博士学位论文发表 2 篇 SCI 论文；

④ 非在职博士生学位论文原则上资助专著出版。

表 7-2 Bluesky 工作室科技论文级别划分

类别	刊物名称
Ⅰ	交通领域国际会议论文（被 SCI/EI/ISTP 收录）
Ⅱ	不属于第Ⅲ类，但包括于《东南大学学位与研究生教育重要刊物目录》（以下简称目录）中的交通领域其他刊物
Ⅲ	① 交通领域 SCI 收录源期刊或国外 EI 收录源期刊； ② 其他与交通工程相关的学科（如系统工程、信息工程、土木工程、城市规划学科认可的 SCI、EI 刊物源）； ③ 交通学科认可的全国重点高校 EI 收录学报（自然科学版）； ④ 在国内交通领域享有盛誉的核心期刊（包括：《中国公路学报》《交通运输工程学报》《系统工程理论与实践》《土木工程学报》《系统工程学报》）
Ⅳ	一般期刊论文（不属于《目录》）
Ⅴ	普通会议论文（有刊号，但不被 SCI/EI/ISTP 收入）

7.2.3 硕博士论文质量监控体系

为营造 Bluesky 工作室浓厚的学术氛围,加强学生创新意识和创新能力的培养,提高 Bluesky 工作室硕博士论文质量,并为推荐校级、省级及国家级优秀硕博士论文打好基础,结合 Bluesky 工作室实际情况对硕博士论文质量进行全过程管理。

1. 硕、博士学位论文培育过程

(1) 论文选题

硕士论文选题要考虑本学科的发展并与实际应用相结合,尽量结合国家下达的科研项目或工程中提出的关键性问题,选题应有一定的先进性和适当的难度。可结合所在团队研究方向、工作室研究基础,并在团队已有成果上有所发展,或结合工作室承担的科研项目确定研究方向。

博士论文选题要考虑到理论意义和实用价值,应是国家急需解决的工程实际问题或重要科研项目。所选课题在理论上应居于学科前沿,且具有科学价值,博士生开题前须上网检索查新。

硕博士选题过程中与导师共同商榷,并至少在所在团队内进行一次交流,汇报选题思路。

(2) 开题报告

硕士研究生入学后第三学期完成开题报告。在论文选题及研究方向范围内至少阅读文献 30 篇,完成一篇文献综述。

博士研究生原则上在入学后第四学期(直博生为第六学期)完成开题报告。在论文选题及研究方向范围内至少阅读文献 60 篇,完成一篇文献综述。

在开题汇报之前应在工作室内部对课题研究目的与意义、研究内容、进度安排等内容进行预汇报,工作室成员对开题汇报进行评价,并提出修改意见。研究生听取意见并认真修改后进行正式开题汇报,并根据专家意见完成开题报告的修改,明确研究计划。

(3) 论文答辩

硕士研究生围绕论文开展科研工作的时间不少于 1 年,博士研究生则不少于2年。论文撰写过程中,应至少在所在团队内进行四次进展汇报,保证论文质量。

硕士学位论文完成后抽盲前,应在工作室内部进行预答辩,工作室成员进行评价打分并提出意见。学位申请人听取导师及工作室成员的评审意见,认真修改完成后,方可正式答辩。博士学位论文成稿后须进行预答辩。在参加学院预答辩之前,应在工作室内部进行一次汇报。预答辩三个月后方可进行论文送审答辩工作。硕博士学位论文内容均应自主创新,重复率不得高于10%。

2. 硕博士论文成果转化

积极撰写学术论文或国际会议论文。硕士研究生申请硕士学位前至少在CSCD(核心期刊)或学术会议发表论文(EI检索)1篇(含录用,导师可为第一作者);博士研究生申请博士学位前在学校规定的刊物上至少要发表与学位论文相关的论文3篇,其中必须在ESI工程和材料及社会科学目录中发表SCI/SSCI期刊论文1篇(含录用)。鼓励硕博士对学位论文中合适的成果以专利或软件著作权的形式撰写并申报。

3. 硕博士论文培育支撑平台建设

(1) 多元化指导平台

一是导师指导,按照研究团队的形式,每学期导师与研究生进行一次学术研究和团队建设方面的沟通,及时解决学术研究的困难和把握团队建设方向;二是交通领域专家的指导,工作室与国内外知名专家学者建立长期的战略合作关系,以例会讲座的形式学习相关方向的前沿进展和研究成果;三是研究链指导,各个团队稳定一个主题,形成多个分支,明确成员安排,分配博士后人员至各个团队和讨论小组,构建结构清晰的学术研究链,发挥博士后在交叉学科领域的优势,形成学术研究链相关人员的研究机制;四是形成全体博士研究生的学术研讨机制,讨论会议由三个团队负责人介绍最新的学术研究方向和成果,使每位博士研究生既立足于特定团队,又在其他研究方向有较为深刻的理解;五是关于国家与交通政策、近期典型城市交通建设情况和前沿交通研究领域研究方向等方面的信息发布。

(2) 理论化实践平台

争取每年成功申报 3 项纵向课题,保证每位博士研究生负责 1 项纵向课题,以该课题为抓手,开展学术论文撰写、相关理论深化研究、理论自主创新、博士学位论文研究以及专著撰写。硕士研究生参与工作室相关横向项目,掌握发现问题、分析问题、解决问题的基本技能与方法,增强对交通运行的感性认识;参与所属研究团队的纵向课题,包括课题申请、具体研究、结题汇报乃至成果总结与报奖整个过程,形成分析问题的清晰思路,锻炼探索问题的能力。针对课题中的 1~2 个关键问题展开深入研究,进一步明晰研究方向,为硕士学位论文的撰写奠定理论基础。

(3) 矩阵化服务平台

深入贯彻矩阵式管理理念,各年级年级长对学位论文产出过程中各重要时间节点(开题汇报、进展汇报、预答辩)进行管理,以保障学位论文撰写工作的有序开展。

(4) 国际化交流平台

与海外交通运输规划与管理工作室建立长效的合作关系。每两年保证公派留学硕士研究生 1 名攻读国外博士学位,鼓励开题后所有博士研究生全面参与到国际交流环节,1~2 名博士研究生进行为期半年及以上的联合培养,1~2 名博士研究生通过与国外的项目合作进行 3 个月及以上的短期国际交流活动。

(5) 成果化展示平台

积极以优秀博士学位论文成果和工作室特色研究方向研究积累为基础并加以扩充,通过专著的形式展示博士研究生的成果。鼓励硕博士研究生投稿、参加高水平学术会议,在较高的学术平台展示学术研究成果。保证所有博士研究生每学期 1~2 次、硕士生每学年 1~2 次的工作室汇报机会,进行学位论文开题、学术前沿成果、自主创新成果展示汇报。

7.2.4 本科毕业设计过程管理

为保证本科毕业设计切实达到锻炼学生理论实践能力,培养学生创新精神,实现学生知识、能力、素质协调发展的目的,确保毕业设计质量,应对选题、开题、中期检查、答辩各阶段进行全过程质量监控,如图 7-1 所示。

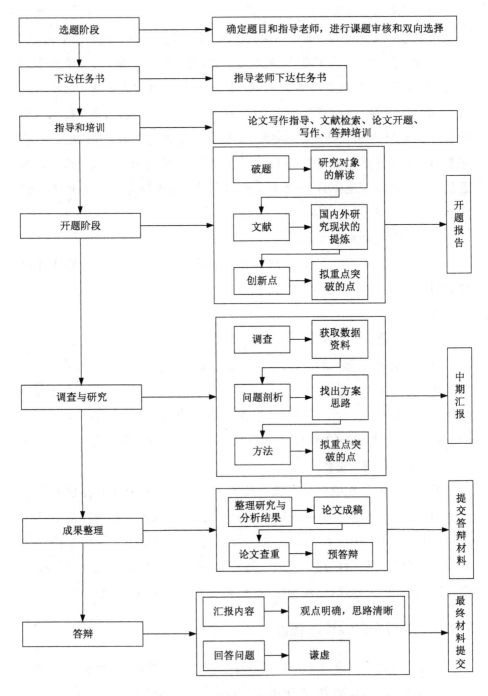

图 7-1 Bluesky 工作室本科毕业设计(论文)培养流程图

7.3 Bluesky工作室实践质量监控

7.3.1 工程技术型课题管理体系

横向项目组成员设项目协调人、主持人、主研人员和参研人员;协调人负责项目质量审核;项目主持人负责项目总体内容、甲方沟通、研讨组织等工作,项目主研人员负责具体主要章节,参研人员负责部分小节或调研、数据整理以及其他工作。

1. 前期工作管理

项目启动前,由项目主持人和技术服务部协商草拟协调人、主研人员及参研人员名单,报请导师核准后确定项目组成员构成,在当月横向项目报表予以公示。

项目主持人在项目启动初,应统计甲方相关人员的名单和联系方式。项目启动后,在工作室 NAS 服务器上建立以该项目名称命名的文件夹,定期备份。调研资料也应同时备份。

项目调研出差前必须做好充分准备,制订好调研计划;在外调研时待人接物不卑不亢,保持良好的对外形象;注意安全与纪律,调查资料及时整理保存好。

2. 研究过程管理

项目主持人根据研究进度需要,须制定项目组内部定期研讨机制,并形成会议纪要。

形成中间成果后,项目主持人须邀请相关研究人员召开意见征询会,并对中期成果进行讨论形成修改意见,项目组根据意见确定修改方案。

结题评审前,项目文本图册由工作室内部先进行审阅,同时技术服务部应组织项目主持人进行项目模拟汇报。

3. 成果归档、总结及报奖管理

项目评审/鉴定结束后,将评审/鉴定意见复印备份、会议费用结算并打印签字，登记备案。同时须及时整理和总结项目资料（包括项目申请书、工作大纲、大纲 PPT、合同、中期报告、工作报告、技术报告、查新报告、用户报告、总结报告、结题 PPT、评审意见、鉴定意见、专家表、与会签到表、鉴定申请书、鉴定证书、相关照片等），审核后上传至 NAS 服务器存档。

项目组成员根据项目调研基础数据和实践过程中的思考，结合项目成果撰写相关领域的期刊论文或举办专题讲座。根据项目特点及类型，技术服务部应组织各个项目组筹划相关申报奖项及研究课题。

Bluesky 工作室工程技术型课题开展整体流程见图 7-2。

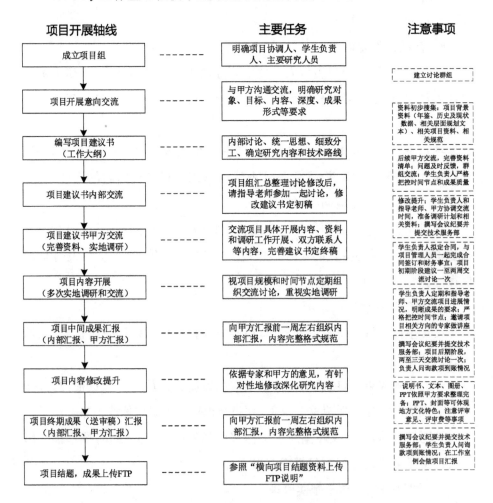

图 7-2　Bluesky 工作室工程技术实践监控流程

7.3.2 技术培训质量保障体系

系统地对团队成员进行技术培训,提升成员技术水平是提升实践能力的重要环节。技术培训体系分为各团队方向导则(读本)编制学习,项目招投标及推进培训,交通规划及设计类软件培训,编程、模型及数据处理技术培训,论文写作技能培训,个人技能培训六个部分。

1. 各团队方向导则(读本)编制学习

此部分内容包括各团队方向导则(读本)定期编制、各团队导则(读本)定期学习讨论。

各团队方向导则(读本)以一年为周期进行更新编制,由各团队分别负责各自方向导则(读本)的更新编制,一般以研一及研二为主力,并由技术服务部推动。

各团队应定期组织本方向导则(读本)的学习讨论活动,主要学习讨论内容由团队负责人确定,其他团队成员也可参加。学习讨论周期建议为6个月,即每学期至少组织一次,具体时间由各团队负责人确定,由技术服务部推进。

2. 项目招投标及推进培训

此部分主要包括项目招投标流程培训、标书撰写培训、项目推进培训(主要包括工作大纲、项目理解、技术路线、节点控制、与甲方沟通经验等)。项目招投标流程培训、标书撰写培训以及项目推进培训主要以讲座及讨论会的形式进行,由团队有经验的高年级同学或已毕业的师兄师姐进行讲座或主持。

3. 交通规划及设计类软件培训

此部分主要包括 EMME、TRANSCAD 等软件的培训学习,主要形式为培训班、讲座等。组织团队成员前往相关培训机构进行 EMME 及 TRANSCAD 的培训,周期为6个月,即每学期一次,每次4~6人。团队成员轮流前往,应保证每位成员在毕业前至少参加一次培训班。每次培训班结束后参与培训的成员应在团队内开展学习内容的讲座,于团队内部进行软件学习心得交流。其余交通规划及设计软件按成员需要以讲座或小组学习形式进行培训学习,可邀请已掌握软件操作的高年级同学进行讲座。

4. 编程、模型及数据处理技术培训

此部分主要包括编程能力、建模方法、数据处理能力的学习培训。结合交通信息与模型组的发展对团队成员的编程、模型及数据处理能力进行培训。

依托智慧交通与模型组的团队发展,对编程、数据处理以及建模方法感兴趣的团队内非模型组成员可搭配模型组成员按不同的编程语言及应用划分学习小组,每个学习小组设立一个组长,由组长组织学习计划的制订,组内定期开展学习交流活动(建议至少两周一次)。各组根据自己的情况可参加各种公开的数据比赛,锻炼各组包括建模、数据处理、建模方面的综合能力。

5. 论文写作技能培训

主要包括文献检索及阅读培训、中英文论文写作及投稿技巧培训。文献检索及阅读培训、中英文论文写作及投稿技巧培训主要以讲座形式进行,可邀请团队内高年级同学、已毕业师兄师姐或嘉宾进行讲座。周期为一年,即每一学年举行一次,面向对象为团队新成员及有需要的成员。

6. 个人技能培训

面向团队成员各自需求进行对应技能培训。定期对团队成员不包括在以上技能培训体系中的技能培训需求进行调查,技能范围不做限定,由技术服务部推进。根据调查结果组织对应技能培训,培训形式不定,以培训效果为导向。

7.4 Bluesky人才培养质的学习培训量监控

7.4.1 研究生新生入学考核制度

Bluesky工作室在"动态性、持续性、多元化"三项原则的指导下,坚持以培养卓越化人才为目标，在新时期学校招生政策与团队发展的背景下，逐步转型成为以博士研究生为骨干、硕士研究生为主体的研究型团队。为完善工作室人才选聘机制，规范研究生新生入学考核流程和内容，力求全面考察研究生申请者，筛选出具有培养潜力的高素质人才。

研究生申请者特指在本科阶段结束后攻读硕士学位或博士学位的申请者，研究生申请者包含同时进入的助研及助教。研究生申请者引进包括两类，免试推荐和统考，研究生申请者来源构成包括导师制本科生、SRTP研究小组成员、本校其他生源及外校生。

考核流程包括基础信息收集和面试两个阶段：在接收到申请者的申请信息后，回复申请者并收集个人简历、本科阶段成绩、主要研学成果和自荐信等材料，对申请者做出初审；初审后对符合要求的申请人给予面试资格，联系申请者参加自发委组织的面试。

初审资格评定重点关注基础课程成绩、学习经历、党团班级任职、承担（参与）研究项目等方面。同等条件下，具备学生党员（预备党员）资格，承担过SRTP研究项目。导师制本科生、SRTP研究小组成员、与团队契合度高的学生优先。

民主管理部负责组织实施研究生申请者面试工作，参与人员包括自发委全体成员。面试内容包括研究计划（主要是读博意向）和能力考核两个方面。为适应工作室转型需要，保证研究链、研究团队的可持续性，注重具备持续研究潜力人才的选拔。对申请者的能力考核分为知识与创新能力、交流能力、团队工作能力、毅力、策划与组织能力、道德与诚信等方面。自发委全体成员对面试结果进行投票表决，超过参会人员2/3票数获得入选资格。经过初审、面试环节，经全体自发委成员讨论后将结果递交导师，结果经导师审核后确认。统考生经工作室面试确认后需在学校组织的考试及面试中取得工学硕士研究生入学资格。

最终确认进入工作室的硕士研究生在本科毕业设计完成后正式纳入硕士生管理体系；博士研究生入学报到后纳入博士研究生团队管理。

7.4.2 研究生培养过程管理监控体系

管理学中往往通过时间节点的把控和过程管理,将长时段分为短时段,确定准入的关键点,设计、控制和调控每一时段,促进长期目标的实现。将这一管理方法引入研究生培养过程,通过合理设置多个考核和管理时间节点,严格控制每一个节点的准入条件,循序渐进地完成研究生培养的总体目标。

根据交通运输规划学科特点,设置合适的时间节点并设计每个节点的详细目标、验收标准、导师责任、学生应达到的水平,以及下一个节点的准入条件,使过程更加细化。抓好每个时间节点的管理,通过多个短期目标的控制与调控,以提高研究生培养的整体质量。

1. 学术型硕士研究生培养过程管理

表 7-3 Bluesky 硕士研究生培养环节与节点控制一览

序号	培养环节	时间节点	控制要求
1	新生入学考核	研究生申请阶段完成	申请考核表初审;自主发展委员会组织面试;获得入学资格
2	新生始业教育	研一上学期开学两周内完成	学习管理体系及规章;团队文化融入;新生始业教育;制定研究生生涯规划
3	提交个人发展计划表	研一上学期开学第一周	选定研究团队;制定培养计划
4	课程学习与理论基础	入学后的一学年内完成	完成基础理论课程学习
5	实践环节训练	研究生培养全过程	在学期间需参加项目实践、课题研究、软件等技术培训、读本修编等实践训练
6	学术论文撰写与学术活动	每学期结合实践环节撰写科技论文	在重要/核心期刊,以第一作者或以导师为第一作者,并以东南大学名义,发表 1 篇以上学术论文;或 1 篇国内行业规划发展年会、国际学术会议论文

(续表)

序号	培养环节	时间节点	控制要求
7	学位论文开题报告	在第三学期完成	确立论文主题与中心,完成文献综述,形成开题报告
8	学位论文中期检查	第三学期结束前完成	初步完成论证并得到初步结论
9	学位论文预答辩与答辩	正式答辩前一个月	在工作室内部进行预答辩,全体成员评分良好后进入答辩流程
10	毕业离校材料提交	毕业生离校前	完成工作室离校清单上的工作

（1）新生始业教育

硕士研究生新生开学两周之内,硕士年级长组织召开研究生新生始业教育,帮助新生迅速适应环境,指导新生做好人生规划,传承科研实践经验。

表7-4 新生始业教育内容列表

活动内容	活动目的
工作室管理体系	团队建设和管理文化
课程学习经验介绍	研究型课程学习模式
研究生生涯规划	学程指导
研究生写作与发表介绍	学术范式
纵向课题开展介绍	科学研究方法
项目实践经验介绍	技术服务规程
东南大学研究生手册要点及工作室规章制度若干规定	"文雅序活"管理
入学典礼及文化活动	团队文化建设

（2）学位论文过程管理

① 开题报告及论文工作计划

硕士研究生入学后第三学期完成开题报告。在开题汇报之前应在Bluesky工作室内部进行预汇报,工作室成员对开题汇报打分,并提出修改意见。研究生在听取意见并认真修改后方可开题。

② 学位论文中期汇报

开题后三季度内需进行学位论文的中期汇报,要求硕士研究生大致完成论文初稿,在工作室内部进行中期汇报。工作室成员对中期汇报打分并提出修改意见,学位申请人参考修改意见进一步深化研究重点,突出创新点,完善论文。

③ 学位论文答辩

论文应在一年内完成,要求论文内容自主创新,查重率不得高于10%。论文完成后抽盲前,应在工作室内部进行预答辩,工作室成员进行评价打分并提出意见。学位申请人听取老师和师兄师姐的评审意见,认真修改完成后,方可正式答辩。

（3）毕业离校手续

学位论文答辩后离校前,整理学位论文、已发表的学术论文、在研期间的横向项目及研究课题等,将电子版打包存档;离校前,应在工作室做一次毕业讲座。

2. 专业型硕士研究生学位论文过程管理

表7-5　专业型硕士学位论文撰写要求

序号	论文进展阶段	时间节点	要求
1	选题	开题前至少一个月	产学研培养模式:选题依托在企业参与的具体工程展开课题研究;选题应符合专业背景并具有可操作性和实用性 硕博连读培养模式:选题依托工作室研究团队指导下的项目科研实践
2	开题报告	入学后第三学期内(11月底前)	开题汇报前应在Bluesky工作室内部或校外实践基地进行预汇报,参与专家及工作室成员根据《Bluesky工作室硕士研究生学位论文开题报告评分表》对开题汇报打分,并提出修改意见,听取意见并认真修改后方可开题

（续表）

序号	论文进展阶段	时间节点	要求
3	阶段汇报	根据论文开展情况	包含论文进度、本阶段任务完成情况、下阶段任务规划等内容 硕博连读培养模式：阶段汇报在工作室展开 产学研培养模式：阶段汇报在企业展开
4	中期汇报	开题后三季度内	在论文大致完成初稿的情况下，在校内外指导老师和工作室所属研究小组内部进行中期汇报，并参考修改意见进一步完善论文 听取汇报成员对中期汇报打分并提出修改意见，学位申请人参考修改意见，深化研究重点，突出创新点，完善论文
5	预答辩	论文应在开题一年以内完成	论文完成后抽盲前，进行集体预答辩，参与专家及工作室成员进行评价打分并提出意见 学位申请人听取导师和师兄师姐的评审意见，认真修改完成后，方可正式答辩
6	抽盲阶段	准备答辩前	内容应自主创新，查重率不高于10%
7	答辩	第四或第五学期	论文答辩由交通学院学位分委会指定的答辩委员会成员5人组成，其中校内2～3人，校外2～3人 答辩通过后，经修改论文应在工作室存档2本

3. 博士研究生学位论文过程管理

（1）开题报告及论文工作计划

博士研究生二年级开学初期完成开题报告。在开题汇报之前应在Bluesky工作室内部进行预汇报，工作室成员对开题汇报打分，并提出修改意见。在听取意见并认真修改后方可开题，开题报告具体内容要求需满足东南大学研究生论文选题、开题报告的原则和要求。

(2) 学位论文中期汇报

要求博士研究生论文大致完成初稿后在工作室内部进行中期汇报,工作室成员对中期汇报打分并提出修改意见,学位申请人参考修改意见进一步深化研究重点,突出创新点,完善论文。

(3) 学位论文答辩

要求论文内容自主创新,查重率不得高于 5%。论文完成后抽盲前,应在工作室内部进行预答辩,工作室成员根据《Bluesky 工作室博士研究生学位论文预答辩评分表》进行评价打分并提出意见。学位申请人听取老师和师兄师姐的评审意见,认真修改完成后,方可正式答辩。答辩通过后,经修改论文应在工作室存档。

参 考 文 献

[1] 习近平. 在纪念五四运动100周年大会上的讲话：2019年4月30日[M]. 北京：人民出版社，2019.

[2] Barrett B. Globalization and change in higher education[M]. Cham：Springer International Publishing，2017.

[3] 刘爱玲，褚欣维. 博洛尼亚进程20年：欧盟高等教育一体化过程、经验与趋势[J]. 首都师范大学学报（社会科学版），2019(3)：160-170.

[4] 潘海生，彭乾刚. 工程教育学科建设：美国的经验与启示[J]. 高等工程教育研究，2019(3)：180-186.

[5] 叶民，叶伟巍. 美国工程教育演进史初探[J]. 高等工程教育研究，2013(2)：109-114.

[6] 李志峰，陈莉. 我国高等工程教育转型：历史变迁与当代实践逻辑[J]. 高校教育管理，2019，13(4)：91-98.

[7] 王孙禺，赵自强，雷环. 国家创新之路与高等工程教育改革新进程[J]. 高等工程教育研究，2013(1)：14-22.

[8] 习近平. 在全国高校思想政治工作会议上的讲话[Z]. 北京：人民大会堂，2016.

[9] 教育部，工业和信息化部，中国工程院. 教育部 工业和信息化部 中国工程院关于加快建设发展新工科实施卓越工程师教育培养计划2.0的意见[J]. 中华人民共和国教育部公报，2018(10)：13-15.

[10] 习近平. 决胜全面建成小康社会 夺取新时代中国特色社会主义伟大胜

利[N].人民日报,2017-10-28(1).

[11] 中共中央国务院.交通强国建设纲要[Z],2019.

[12] 崔军.回归工程实践:我国高等工程教育课程改革研究[D].南京:南京大学,2011.

[13] 王建国,龚恺.关于建筑学专业办学国际化的思考与实践:以东南大学建筑学院为例[J].中国大学教学,2009(1):29-31.

[14] 中国工程教育专业认证协会.中国工程教育专业认证协会工程教育认证标准(2015版)[S],2015.

[15] 习近平.在学校思想政治理论课教师座谈会上的重要讲话[Z].北京:人民大会堂,2019.

[16] (春秋)曾子,(战国)孔伋.大学·中庸译注[M].樊东,译注.北京:北京联合出版公司,2015.

[17] 亚伯拉罕·马斯洛.动机与人格[M].许金声,等,译.北京:中国人民大学出版社,2007.

[18] 中共中央办公厅,国务院办公厅.关于深化教育体制机制改革的意见[Z].2017-09-24.

[19] 蔡忠兵,罗三桂,郭碧乃.地方高校应用型人才培养方案制订的路径选择[J].中国大学教学,2013(10):65-67.

[20] 孟琦.从思政课程到课程思政:从战略高度构建高校思想政治教育课程体系[J].中国高新区,2018(11):51.

[21] 郑家茂,潘晓卉.理论教学、实践教学、自主研学、网络助学"四位一体"教学模式的构建[J].中国大学教学,2008(12):4-7.

[22] 韩冬青,鲍莉,朱雷,等.关联·集成·拓展:以学为中心的建筑学课程教学机制重构[J].新建筑,2017(3):34-38.

[23] 邱文教,赵光,郑家茂,等.高校学生对研讨课认知与满意度的实证研究:基于江苏高校13 356份问卷调查[J].高等工程教育研究,2018(1):139-145.

[24] 刘刚,程熙镕,刘静.学科基础课课程组建设的组织与实施[J].中国高

教研究,2016(8):85-88.

[25] 潘海涵,汤智.大学实践教学体系的再设计[J].中国高教研究,2012(2):104-106.

[26] 王璐,杨文波.工程教育背景下的交通运输规划与管理专业实践教学发展策略[J].中国教育技术装备,2015(20):158-159.

[27] 范惠明,周匀.通过校企合作加强工程师能力培养:"卓越计划"的实践与反思[J].化工高等教育,2018,35(1):22-27.

[28] 冯勇,刘权.国家自然科学基金资助项目研究成果的管理实践与思考[J].中国科学基金,2017,31(5):466-470.

[29] 郑家茂.大学生自主研学体系建设的探索实践[M].北京:高等教育出版社,2013.

[30] 阚洪海.基于元数据的跨库文献检索方法研究[D].济南:山东大学,2011.

[31] 邓修权,康云鹏,席俊锋,等.高校科研团队资源能力模型构建及其应用研究[J].科学学研究,2012,30(1):102-110.

[32] 江苏省教育厅,江苏省科技厅.江苏省企业研究生工作站管理办法[Z].2019.

[33] 董又能.推进学术国际化[N].中国教育报,2019-06-20(5).

[34] 国务院.统筹推进世界一流大学和一流学科建设总体方案[Z].2015-11-05.

[35] 教育部.国家中长期教育改革和发展规划纲要(2010—2020年)[Z].2010-07-29.

[36] 李孝东,桑玉军.全面质量管理与高校人才培养[J].中国高教研究,2003(2):53-54.

[37] 张淑林.思与行:中国科学技术大学学位与研究生教育创新发展的探索与实践[M].合肥:中国科学技术大学出版社,2011.

[38] 李力,方子帆,周姣.基于技术管理方法的课程教学质量督导评价体系研究与实践[J].科教导刊,2016(12Z):28-29.

[39] 万洪英,万明,裴晓敏.研究生个性化培养的思考与探索:以中国科学技术大学研究生个性化培养实践为例[J].学位与研究生教育,2013(1):31-35.

[40] 郑姨.高校学生能力素质模型构建及其应用研究[D].武汉:武汉大学,2013.

[41] 向智男.借鉴PDCA循环构建研究生课程过程管理机制[J].研究生教育研究,2018(1):38-43.

[42] 罗昌锋.矩阵式工程项目管理模式应用研究[D].广州:华南理工大学,2017.

[43] Stark D A. Communication connects team members to each other and their organization[J]. Frontiers of Health Services Management, 2019, 36(1):36-39.